防災気象情報等で重要な100の用語

気象予報士（元気象庁）
饒村 曜

近代消防社

はじめに

　日本列島は、ユーラシア大陸の東側にあって南北に細長い島国です。大陸の東側にあるため、北からの寒気や南からの暖気が入りやすく、中緯度にあるために低気圧が発達しながら通過します。また、熱帯生まれの台風も北上して通り過ぎます。このようにいろいろな自然があることに加えて人口が多く、国土の隅々まで利用しているため、年間を通じて大気現象（気象）の変化の影響を強く受けています。私たちの生活は、意識するしないにかかわらず、すべてにおいて気象と深く関係しているのです。この気象の多様性は、豊かな食物の恵みにつながるプラス面であり、多くの災害を発生させるマイナス要素となっています。このようなことを背景に、日本の気象観測や予報業務は進歩してきました。

　昨今のコンピュータの進歩は目覚ましく、あらゆる分野でいろいろなものが急激に変化しています。気象観測ひとつとっても、気象衛星、アメダス、レーダー、ウィンドプロファイラなどの観測データの処理技術や、それを使った予測技術、情報を伝達する技術の進歩には目を見張るものがあります。一方、人間の生活も年々多様化してきたため、気象庁の発表する一般的な天気予報だけでは満足できなくなり、多様化に合わせた天気予報が求められてきました。近年の生活様式の急激な変化は、一見すると気象の影響を受けない方向に進んでいるようにみえます。しかし、コンピュータネットワークの本格化とともに雷の影響が大きな問題になってきました。また、物流がこまめになったことで雨や雪による渋滞が大きな影響を与えるようになったというように、気象がより大きく社会全体に影響するようになっています。また、地球温暖化の問題など、将来も、影響はさらに大きくなると考えられます。

　気象庁在職中に、近代消防社の月刊誌「近代消防」に「気象災害から学ぶ」というコラムを書かせていただく機会をいただき、2009年（平成21年）１月より連載を始めましたところ、いろいろな方からの感想や、御意見やいただきました。また、その一部をまとめた「大気現象と災害」を2012年（平成24年）８月に近代消防社から刊行させていただきました。

　しかし、近年、防災気象情報の種類が増え、その利用も高度になってきました。そこで、近代消防の連載を補い、新たな話を加えて本書を書いてみました。

　本書をきっかけに、気象災害に対する理解が深まり、防災活動の一助となれば幸いです。

　2024年（令和６年）８月

　　　　　　　　　　　　　　　　　　　　　　　饒村　　曜

気象現象名

	はじめに	目次3
節番号		頁
1	異常気象の原因となる「偏西風の蛇行」	2
2	低気圧の動きを止める「ブロッキング現象」	3
3	アンチ・エルニーニョ現象ではなく「ラニーニャ現象」	4
4	「エルニーニョ現象」を超えるゴジラ・エルニーニョ現象	6
5	エルニーニョ現象に似ているインド洋の「ダイポールモード現象」	7
6	地球温暖化と大きく減った冬日と「真冬日」	8
7	朝鮮半島北部の山が原因「日本海寒帯気団収束帯」	9
8	北極の現象が日本でも見られる「ポーラーロウ」	11
9	世界で一番低緯度の「流氷」	11
10	キャンデーズで有名となった「春一番」	13
11	和製英語の「メイストーム」	15
12	日本付近は「爆弾低気圧」の多い地域	16
13	「移動性高気圧」の春と秋の違い	17
14	日本だけでなく東アジア全体の現象「梅雨」	18
15	「走り梅雨」に梅雨の戻り、さざんか梅雨などいろいろな梅雨	20
16	集中豪雨の原因「バックビルディング現象」	21
17	夏冬で位置が違う「熱帯収束帯」	23
18	2種類ある「フェーン現象」	24
19	アメリカ人の感覚で作られた「不快指数」	25
20	湿度と日射が重要な体感温度「暑さ指数」	27
21	熱帯夜で収まらなくなって「超熱帯夜」	28
22	「猛暑日」で収まらなくなって酷暑日	30
23	10年ごとに変わる「平年値」	31
24	北ほど、内陸ほど大きくなる気温の「年較差と日較差」	32
25	「夜のはじめ頃」と未明（時間を表現する用語）	33
26	「猛烈な雨」と「非常に激しい雨」の違い（雨の強さを表現する用語）	35
27	竜巻とダウンバーストの「藤田スケール」	36
28	ベトナム戦争から始まった「ゲリラ豪雨」	38
29	土砂災害警戒情報の対象外の土砂災害「深層崩壊」・地すべり	39
30	明治時代から始まった「塩風害」	41
31	台風と低気圧の中間の「亜熱帯低気圧」	42
32	動きも変化も遅い「寒冷渦」	44
33	肺の奥まで届く「PM2.5」	45
34	大正から昭和の黒潮観測でわかった「黒潮大蛇行」	46
35	小さな現象でも条件が重なると大きな現象になる「あびき（副振動）」	48

気象観測と天気予報

36	風の観測は「風車型風向風速計」から「超音波風向風速計」へ	52
37	急増している「湿度の観測」	54
38	ひまわりの大気の窓の観測から可視画像と「赤外画像」	58
39	世界初のカラー観測「トゥルーカラー画像」	60
40	大気の中・上層の水蒸気を観測する「水蒸気画像」	61
41	衛星自ら電波を放射するものもある「マイクロ波観測」	62
42	気象衛星から霧がわかる「霧プロダクト」	63
43	上空を細かく観測する「ウィンドプロファイラ観測」	64
44	上昇流・下降流やメソサイクロンまでわかる「気象ドップラーレーダー」	66
45	雨粒の形がわかる「二重偏波気象レーダー」	68
46	日本中を1kmの格子でおおう「メッシュ平年値」	69
47	現在がわかる「推計気象分布」	70
48	市町村ごとにまで細分化された「予報区の細分」	72
49	1mm以上の雨を対象とする「降水確率予報」	72
50	6時間先から15時間先へ「降水短時間予報」	74
51	現在がわかる1時間先の予報「ナウキャスト(降水・雷・竜巻発生確度)」	75
52	雲の中の雨粒の移動まで計算する「高解像度降水ナウキャスト」	76
53	利用しやすい「地域時系列予報」	77
54	「気象情報」の役割は予告と補足	78
55	コンピュータができるまではリチャードソンの夢だった「数値予報」	80
56	予報の信頼度がわかる「アンサンブル予報」	81
57	東京と大阪だけの「木枯らし1号」	83
58	異常気象を早く伝える「異常天候早期警戒情報」	84
59	日々の予報の限界に挑戦「気温の2週間予報」	85
60	高温注意情報から「熱中症警戒アラート」へ	86
61	飛行機の安全航法のための「航空路火山灰情報」	87
62	中国大陸が乾いたために増えてきた黄砂に対する「黄砂予報」	89
63	生命を守る「紫外線予報」	91
64	桜の開花前線に似ている「山火事前線」	92

3 台風予報

節番号		頁
65	「域内」で風速が17.2m/s以上の熱帯低気圧が台風	96
66	海面水温27℃以上が目安「台風の発生」	97
67	「暴風域」と強風域はいつから使用か	98
68	台風が発生しやすい海域が東進「マッデン・ジュリアン振動」	100
69	地球温暖化で増える「スーパー台風」	101
70	戦勝国のアメリカが認めた公職追放者の「藤原の効果」	103
71	秋が進むにつれて早くなる「台風の進行速度」	104
72	主要4島だけの「台風の上陸数」	105
73	気象官署の場所から300km以内が「台風の接近数」	106
74	加速する場合の「温低化」が危険	107
75	「危険半円」に対する「可航半円」は安全半円ではない（台風の眼）	108
76	安心感を与える言葉は使わない「台風の強さ」と大きさ	110
77	事前にはわからない風台風と「雨台風」	112
78	台風の進路予報は扇形表示から大小の誤差を示す「予報円表示」に	116
79	年々小さくなる「予報誤差」	117
80	世論調査で決めた「暴風警戒域」	118
81	台風の最接近時間がわかる「暴風域に入る確率」	120
82	進路予報より難しい「強度予報」	122
83	熱帯低気圧も5日先まで予報する「発達する熱帯低気圧の予報」	123
84	進路が似ている台風は似た現象が起きやすいことから「類似台風」	124
85	防災の日と「二百十日」	125

防災情報

4

86	パンドラの箱を空けた「特別警報」	128
87	5段階の「防災気象情報のレベル化」	131
88	線状降水帯の発生を知らせる「顕著な大雨に関する気象情報」	134
89	10年計画で開発中の「線状降水帯の予報」	136
90	事実上の記録的短時間大雪情報「顕著な大雪に関する気象情報」	139
91	キキクルで有名になった「危険度分布予報」	141
92	土壌雨量指数と流域雨量指数で発表となる「大雨警報」	143
93	4種類ある「洪水予報」	146
94	発表基準の期間が短くなってきた「大雪警報」	148
95	気象台と都道府県が共同で発表する「土砂災害警戒情報」	149
96	中と高の2種類で発表される「早期注意情報」	150
97	ダウンバーストも含んでいる「竜巻注意情報」	153
98	年間50回ほど発表になる「記録的短時間大雨情報」	154
99	命名基準を厳しくした「気象現象の命名」	157
100	増えてきた「50年に1度の大雨」（再現期間）	159

コラム

・言葉の豊富な日本語と天気予報等で使われる用語	50
・取りに行けば詳細な情報が入手できる時代	76
・日本でも始まった広域大気汚染	90
・天気予報という言葉は「食中毒に当たらない」から「弾に当たる」へ	94

索引 ———————————————— 162

本書の使い方

　本書は、防災気象情報等で使われている用語を100個選び、おのおのの用語についての話、合計100節を、気象現象名、気象観測と天気予報、台風予報、防災情報の４つの章に分けたものです。

　古代エジプトでは、１～９までの数を「指を示す記号の数」で、10の塊の数を「両手を示す記号の数」で、100の塊は「巻物を示す記号」で表していました。防災気象情報を理解し、効果的に利用するための「虎の巻物」となるため、各節には適宜、「ここがポイント」「知っておくべき天気情報のツボ」「災害事例」を入れました。また、４つのコラムも入れました。

　【本文】防災気象情報等で使われている用語の一つを中心に、理解するための基礎知識をわかりやすく解説し、読む用語辞典という性格を持たせました。実際に防災活動を行うとき、発表する情報をよりよく理解し、適切な行動をすみやかにとる一助になるでしょう。

　また、可能な限り図表を増やしてビジュアル面から理解できるよう工夫しています。なお、図表のタイトルは、わかりやすさのため、図表を区別することなく、節の番号aと、その節の通し番号bを使って「図ａ－ｂ」で表示してあります。

　【ここがポイント】各節におけるポイントとなることを簡潔な文章で期してありますので、重要な点がチェックできます。

　【知っておくべき天気情報のツボ】防災気象情報は、決められたルールに従って発表されていますので、このルールがわかると天気情報がより詳しく理解することができます。このルールは、ほとんどが社会一般の言語感覚で理解できることですが、わかりにくい点や間違いやすい点を、ツボとして期しました。

　【災害事例】過去の教訓が生かせるよう、過去に発生した災害事例を取り上げました。災害は全く想定外のものが発生するわけではありません。その地域では初めてと思われる災害でも、過去50年くらい遡ると、同様の災害が発生していることが多いのです。隣の地域では、時季が少し違っていると考えず、自分達に関係するかもしれない教訓として考えて欲しいと思います。

　【コラム】防災気象情報に関連した４つのコラムを入れました。これによって、防災気象情報に興味を持ち、友達等との会話が広がれば幸いです。

1 異常気象の原因となる「偏西風の蛇行」

　地球に人類が住めるというのは、地球の温度が暑すぎず、寒すぎもしない気温で、しかもその気温が一定であるからです。太陽が地球を暖めてくれなかったら、人類が住めないのは言うまでもありませんが、それだけでは地球がどんどん暑くなって、人類が住めなくなってしまいます。地球は太陽から波長の短い光（主として紫外線、可視光線）で暖められると同時に、宇宙に対して熱を波長の長い光（主として赤外線）を放出しているから人類が住めるのです。しかし、これは地球全体の話です。緯度別に平均すると、赤道付近が高温、高緯度地方が低温となりますので、熱の一部が赤道付近から高緯度付近に運ばれています。いろいろな大気の現象は、この熱の移動によって起きています。

　赤道付近で暖められた大気は上昇し、高緯度地方に向かいますが、地球の自転の影響で極地方まで進めません。中緯度で下降し、再び赤道地方に戻るという循環をしています。この下降している場所では亜熱帯高気圧ができ、ここまで南北循環で運ばれた熱は、偏西風という東西方向の波打つ流れによって高緯度地方に運ばれます**（図1-1）**。波打つ流れが移動し、亜熱帯高気圧に運ばれた熱を準々に高緯度に運んでいれば問題がないのですが、波がほとんど変化しない状態になることがあります。このとき、南から北へ熱を運ぶ流れが続いている場所は平年より温度が上がり、北から南への流れが続いている場所は温度が下がります。偏西風が3つの波を作って一周（三波型の蛇行）するときは、この波は停滞しがちです。3か所で暖かく、3か所で寒くなり、これに伴って大雨や少雨の場所がでてきます**（図1-2）**。2014年（平成26年）1月上旬の北半球の上空約5,000mの空気の流れを見ると、日本付近、北米大陸東部、ヨーロッパ西部に寒気がおりやすい三波数型となり、アメリカでは記録的な寒波が大きなニュースとなりました。アメリカのシカゴで－26℃以下になるなど記録的な寒さで大規模な交通マヒや停電がおき、中国南部

図1-1　大気が低緯度から高緯度へ熱を運ぶ2つの方法

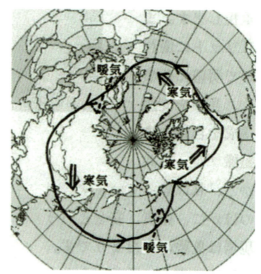

図1-2　平成26年1月上旬の500hpa高層天気図における偏西風

～インドシナ半島やトルコでも低温でしたが、シベリアで高温となるなど、世界中で低温となったわけではありません。

異常気象は偏西風の波の移動が止まったときにおき、いろいろな異常気象が世界各地で同時におきますので、他国と歩調を合わせて効果的な対策をとることが求められています。

　昭和40年代後半から、世界的に大洪水や干ばつ、暖冬などの異常気象による社会・経済の深刻な打撃が増えはじめたことから、1988年（昭和63年）に「気候変動に関する政府間パネル（IPCC：Intergovernmental Panel on Climate Change：2007年のノーベル平和賞）」が世界気象機関と国際連合環境計画によって設立されました。最新のIPCCの報告書では、①気候の温暖化は疑う余地がない、②20世紀後半の気温上昇のほとんどは人為起源の温室効果ガスの増加による可能性が非常に高い、③大雨頻度の増加が始まっている可能性が高い、④強い台風が増加する可能性が高いなどが示されています。

　地球温暖化対策は、観測→予測→政策決定（緩和策・適応策）→効果の監視→観測というサイクルで行います（図1－3）。このうち、予測は、今後の二酸化炭素排出が、経済発展重視か環境と経済の調和などに応じて変わるので、いくつかのシナリオを用意し、大気・海洋・陸面の過程を計算機の中に再現した気候モデルを使って行われます。暖候期の地域レベルの気候変化予測は難しいのですが、寒候期については、①東北以南の地域では降水量が増加するが降雪量は減少（雪が雨に変わる）、②関東・東海の冬日は、経済発展重視シナリオでほとんど消滅、環境と経済の調和シナリオでも半減するという結果が得られています。

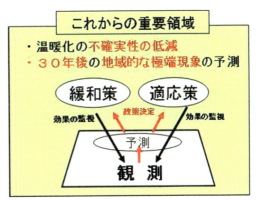

図1－3　地球温暖化対策の3つの柱

2　低気圧の動きを止める「ブロッキング現象」

　北極を中心として、北緯約20～60度の範囲の上空を、西から東に向かって帯状に西風が吹いています。これを偏西風といいますが、北半球では冬に最も強くなります。風速の極大を示すジェット気流は、時には100m/sを超します。偏西風の流れの型には、東西流型、南北流型、ブロッキング型の3つがあります（図2－1）。普通は、東西流型と南北流型の間を変動していますが、時々ブロッキング型となって1週間以上続くことがあります。

　西から東へ一様に流れる東西流型は、大規模な寒気の南下はなく、天気は周期的に変わ

ります。これに対して、南北に蛇行して流れる南北流型は、南下する所では寒気や低温が、北上する所では熱波や干ばつが起こりやすくなります。さらに、ブロッキング型になると、偏西風が大きく蛇行すると北と南に２つに枝分かれし、北に暖かいブロッキング高気圧、南に冷たい低気圧を作ります。偏西風の気圧の谷（寒気が南下するところ）の動きが止まる（ブロックされる）現象をブロッキング現象といい、この現象がおきてブロッキング型となると同じような天気が１週間以上続きます。長雨や高温などの異常天候が起こりやすくなります。これらの変化を素早く把握するために、気象庁等では、東西指数（ゾーナル・インデックス）を用いて監視を行っています。定義は、北緯40度線に沿って気圧が500hPaに達する高さ（500hPa高度：地上から約５kmの高さ）を帯状に平均したもの

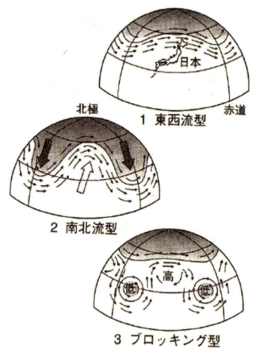

図２－１ 偏西風の流れの型（黒矢印：寒気、白矢印：暖気、陰影：寒気）
（平成24年５月号に加筆）

と、北緯60度線に沿って500hPa高度の平均との差をとったものですが、この値は、北緯40度から北緯60度の間の偏西風の東西方向の風の強さに対応しています。東西指数が高い場合（高指数のとき）は、西風が強いので、東西流型となります。また、東西指数が低い場合（低指数のとき）は、西風が弱い場合で、南北流が強い南北流型か、南北流も弱いブロッキング型となります。

知っておくべきお天気情報のツボ

日本付近は、いつも天気が西から変化しているわけではありません。ブロッキング現象がおきているときは、同じような天気が続き、ときには、天気が東から変わることがありますので、注意が必要です。

3 アンチ・エルニーニョ現象ではなく「ラニーニャ現象」

南米の西海岸にあるペルー沖では、南東貿易風が東から西に吹いているため、海流が東から西へと流れており、それを補うように、深海から冷たい水が湧きあがっています。南

東貿易風が弱まると、東から西へ流れる海流も弱まり、深海からの冷たい水の湧昇も弱まって海面水温が高くなります。この現象は、ペルー沖の局地的な現象と考えられ、クリスマスの頃に始まることが多いことから、神の男の子（キリスト）を意味する「エルニーニョ」という名前で呼ばれていました。しかし、熱帯の太平洋全体におよぶ気象の変化と対応しており、さらには地球全体の気象の変化とも関係していることがわかったことから、「エルニーニョ現象」と呼ばれています（エルニーニョとエルニーニョ現象は違います）。

　南東貿易風が弱まると、西へ向かう海流も弱まり、西のほうに吹きよせられていた暖水が東へ押しもどされ、冷水が湧きあがらなくなり、南太平洋東部の海面水温が上昇し、エルニーニョ現象が発生します（図3－1）。エルニーニョ現象になると、雨がほとんど降らないペルーの砂漠で雨が降り、雨が多いインドネシアで旱魃（ひでり）が発生します。

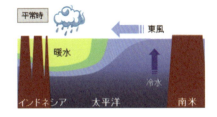
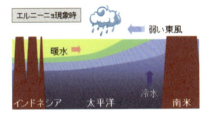
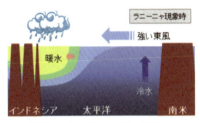

図3－1　ラニーニャ現象と
　　　　エルニーニョ現象

また、インドネシア付近の活発な対流活動は、その北に位置する太平洋高気圧を強めていますが、その活発な対流活動が東への移動に伴い、太平洋高気圧も東に移動して、日本付近への張り出しは弱くなり、日本の夏の天候は低温、多雨、日照不足となる傾向があります。

　エルニーニョ現象とは逆に、南太平洋の南東貿易風がさらに強まり、西へ向かう海流も強まる現象は、アンチ・エルニーニョなど、反キリストという表現は避け、女の子という意味の「ラニーニャ現象」と呼ばれます。深海の冷水がより多く湧きあがり、ペルー沖の水温はより低くなります。エルニーニョ現象ほど顕著ではありませんが、こちらも、地球全体の気象の変化と関係しています。

　気象庁では、東部太平洋赤道域の海域（北緯5度～南緯5度、西経90～150度の海域）の海面水温を常時監視し、移動平均で平年より0.5度以上低くなる現象をラニーニャ現象、0.5度以上高くなる現象をエルニーニョ現象として情報を発表しています（図3－2）。

　ラニーニャ現象が発生すると、太

図3－2　エルニーニョ監視海域の海面水温の
　　　　基準値との差の5ヶ月移動平均

平洋東部太平洋域の海面水温が通常より低くなると同時に、太平洋西部赤道域（インドネシア近海）の海面水温が高くなります。インドネシア近海の海面水温が高くなると、対流活動がより活発になり、より多くの空気が上昇します。この上昇した空気が北側で下降し、そこで高気圧を強化し、偏西風を大きく蛇行させることで、日本付近は北から寒気が南下しやすくなり、寒冬になりやすくなります**（図3-3）**。

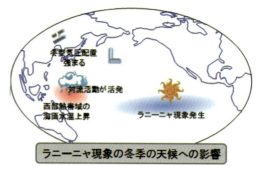

図3-3　ラニーニャ現象の冬季の天候への影響

4 「エルニーニョ現象」を超えるゴジラ・エルニーニョ現象

　太平洋の赤道付近では、エルニーニョ現象の直接的な影響の異常気象ですので、いつも同じ傾向があります。しかし、その他の地方では、間接的な影響の異常気象ですので、日本でいつも冷夏・暖冬とは限りません。2002年（平成14年）のエルニーニョ現象のときは西日本では猛暑、二十世紀最大のエルニーニョ現象**（図4-1）**が発生していた1997年（平成9年）は猛暑でした。エルニーニョ現象がおきているとき、その年の様々な要因によって違った異常気象がおきますので、毎週木曜の14時30分に発表される1か月予報などの気候情報のチェックを、こまめに行って早めに対策を考える必要があります。

　2014年（平成26年）5月12日発表の気象庁エルニーニョ監視速報では「今後5年ぶりにエルニーニョが発生し、秋にかけて続く可能性が高い」としています**（図4-2）**。「20世紀最強」といわれた1997年（平成9年）春～1998年（平成10年）春のエルニーニョ現象に匹敵、あるいは、これを超えるかもしれないということで、アメリカなどでは「ゴジラ・

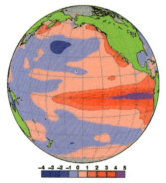

図4-1　二十世紀最大のエルニーニョ現象発生時の太平洋の海面水温偏差（平成9年11月：気象庁HPより）

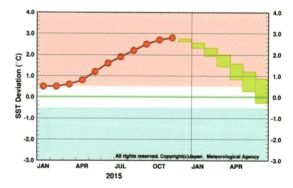

図4-2　エルニーニョ監視海域のゴジラ・エルニーニョ時の海面水温の偏差の推移と予測（気象庁HPより）

エルニーニョ現象」という取り上げ方をしていますが、気象学的な名称ではありません。語源は、1954年（昭和29年）に東宝が公開した特撮映画の怪獣の名前「ゴジラ」で、その続編やパロディ作品も多く作られ、桁外れに強いもの、大きいものの愛称や語源となっています。

図4-3　エルニーニョ現象発生時の日本の天候の特徴（統計的に有意なもの、気象庁HPをもとに作成）

春 （3～5月）	平均気温は沖縄・奄美で高い傾向、東日本で並か高い傾向。日照時間は西日本太平洋側で少ない傾向。
梅雨	梅雨明けは中国・四国・奄美・沖縄で遅い傾向。
夏 （6～8月）	平均気温は西日本で低い傾向、北日本で並か低い傾向。降水量は西日本日本海側で多い傾向。
秋 （9～11月）	平均気温は西日本・沖縄・奄美で低い傾向、北日本・東日本で並か低い傾向。
冬 （12～2月）	平均気温は東日本で高い傾向。 日照時間は東日本太平洋側で並か少ない傾向。

知っておくべきお天気情報のツボ

太平洋の赤道付近では、エルニーニョ現象の直接的な影響の異常気象ですので、いつも同じ傾向があります。しかし、その他の地方では、間接的な影響の異常気象ですので、その年の様々な要因によって異なりますが、統計的に有意な特徴をまとめると図4-3のようになります。

5　エルニーニョ現象に似ているインド洋の「ダイポールモード現象」

エルニーニョ／ラニーニャ現象と同様な海洋変動はインド洋にもあり、インド洋ダイポールモード現象と呼ばれています。インド洋熱帯域の海面水温が南東部で平常より低く、西部で平常より高くなる場合を正のインド洋ダイポールモード現象、逆の場合を負のインド洋ダイポールモード現象で、両現象ともに概ね夏から秋（6～11月）の間に発生します。気象庁ではイ

図5-1　ダイポールモード指数を計算する際に使用する海域

ンド洋に「WIN」海域と、「EIN」海域を設定し、海面水温を観測してダイポールモード指数を計算し、長期予報に用いています（図5-1）。

インド洋ダイポールモード現象の発生頻度は年代によって大きく変わり、2000年以降は正のインド洋ダイポールモード現象の発生頻度が高まっていますが、近年は負のインド洋ダイポールモード現象の発生頻度が高くなっています。

負のインド洋ダイポールモード現象については統計的に日本の天候への影響は明瞭ではありませんが、正のインド洋ダイポールモード現象発生時の夏（6～8月）の平均気温は

東・西日本で並か高い傾向、降水量は北日本太平洋側で並か少ない傾向があります。また、正のインド洋ダイポールモード現象発生時の秋（9～11月）の平均気温は、東日本で並か高い傾向があり、降水量は北日本太平洋側で多く、北日本日本海側・東日本太平洋側で並か多い傾向があります。

これは、正のインド洋ダイポールモード現象が夏から秋（6～11月）頃に発生すると、インド洋熱帯域南東部の海面水温が平常時より低く、その上空の積乱雲の活動が平常時より不活発となります。このとき、ベンガル湾からフィリピンの東海上ではモンスーンの西風が強化され、フィリピン東方に達するモンスーンの西風と太平洋高気圧の南縁を吹く貿易風の暖かく湿った空気により、北太平洋西部で積乱雲の活動が活発となります（図5－2）。このため上空のチベット高気圧が北東に張り出し、日本に高温をもたらします。このとき、インド付近でも積乱雲の活動が活発になり、地中海に下降流を発生して高温化させる方向に働きます。地中海は日本上空を通過する偏西風の上流に位置するため、偏西風の蛇行を通じて日本に高温をもたらすとも考えられています。

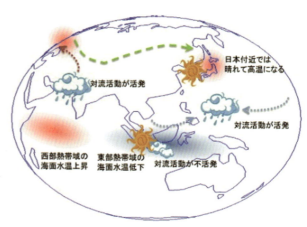

図5－2　正のダイポールモード現象が日本の天候に影響するメカニズムの模式図（盛夏期から初秋）

6　地球温暖化と大きく減った冬日と「真冬日」

米国航空宇宙局の地球観測衛星「アクア」には、日本開発のマイクロ波放射計が搭載され、北極海の海氷を監視しています。地球温暖化で北極の海氷はロシア沿岸を中心に予想より速く減少しているのではと懸念されています（図6－1）。北極海の資源開発が進み、夏季にはヨーロッパと東アジアを結ぶ大動脈としての航路が可能となります。ただ、ロシア沿岸の海氷が先に融けることから、利益を大きく受けるのはアメリカ・カナダよりロシアです。このように地球温暖化の影響は単純ではありません。

日本でも地域温暖化が進むと、冬日（最低気

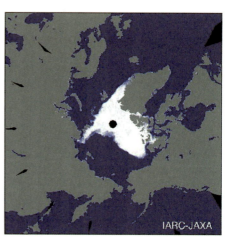

図6－1　最小面積となった北極海の海氷
（2007年9月24日）

温が0℃未満）や真冬日（最高気温が0℃未満）といった、寒さを示す指標が大きくなります（図6－2）。このことによって、被害を受ける人がでる一方、暖かくなれば暖かい地方の作物が多く取れといった利益がでる人もいます。しかし、利益がでる人でも変化のスピードが速いと対応できませんので、結果的には利益がでる人がいなくなります。問題は暖かくなることではなく、暖かくなるスピードが速すぎることです。

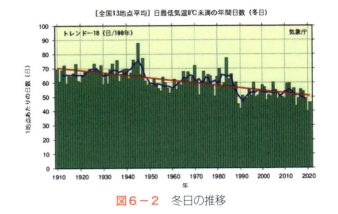

図6－2　冬日の推移

知っておくべきお天気情報のツボ

地球温暖化で荒唐無稽なことが起きるわけではありません。これまでは竜巻被害がなかった地域でも他地域と同様に起きる、6月以降に発生していた豪雨被害が5月でも起きるというように、多少違った状況で、自分のところでも起きるのではと日頃から考え、備えが必要です。

7　朝鮮半島北部の山が原因「日本海寒帯気団収束帯」

　冬のシベリア地方では、太陽光がほとんど当たらず、放射冷却によって冷たくて乾燥したシベリア高気圧を作ります。相対的に暖かい千島近海からアリューシャン列島南部にかけて気圧が低くなり、日本付近は西高東低または冬型と呼ばれる気圧配置となります。等圧線はほぼ南北に走り、シベリア高気圧の寒気が強い北風となって南下し、日本海に入ります。水温が10℃以下の日本海であっても、寒気にとっては熱いお湯に相当していますので、湯気を上げて日本海を吹き渡ります。そして日本海から熱と水分を吸収して下層から暖まると、積乱雲が次々に発生して筋状の雲ができます。このように、筋状雲が大陸のすぐ近いところから発生しているときは、寒気が強く大雪となります。

　この筋状の雲は、ときには、平行ではなく、一定のラインを作ることがあり、大雪をもたらすことがあります。これが、日本海寒帯気団収束帯（JPCZ）で、水平スケールが1,000km程度の収束帯です。強い冬型の気圧配置や上空の寒気が流れ込むときに、シベリアから朝鮮半島に南下してきた強い寒気は、白頭山など朝鮮半島北部にある2,700mを超える高い山で強制的に東西に分流し、それが日本海西部で再び合流して形成されます（図

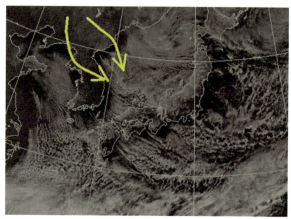 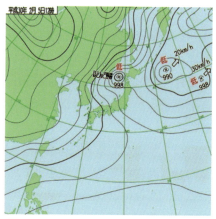

図7-1 気象衛星可視画像（平成30年（2018年）2月5日12時）　　図7-2 地上天気図（平成30年（2018年）2月5日12時）

7-1）。ここでは、組織的に積雲や積乱雲が発達し、小さな低気圧が発生して雷やひょうなど、激しい現象がおきています。この日本海寒帯気団収束帯は、朝鮮半島北部沖の日本海から山口県、山陰地方、近畿北部、北陸地方西部までの日本海側の地方のどこかに伸びます。どこに伸びるかは気圧配置によって違います。この日本海寒帯気団収束隊が日本の陸地にかかると、そこで大雪や突風、雷などの激しい現象をもたらすことがあります。寒気が非常に強いときは、日本海寒帯気団収束帯で発達した積乱雲は、日本海側だけでなく、山脈を乗り越えて太平洋側にも雪を降らせます。

 日本海寒帯収束帯が山陰地方に向かった場合は、中国山地は高い山が少ないので、積乱雲が乗り越えやすく、瀬戸内海沿岸にも大雪が降ります。また、若狭湾に向かった場合は、高い山がありませんので、これを乗り越え、太平洋側の岐阜県の関ヶ原付近から名古屋市などに大雪をもたらします。

⚠️ 災害事例

　2017年（平成29年）12月から2018年（平成30年）2月の日本は、冬型の気圧配置が強まることが多く、日本海側では何度も大雪になっています。特に、2月上旬は北陸地方が記録的な大雪となり、気象庁が命名したものではありませんが、北陸豪雪や福井豪雪と呼ぶことがあります。図7-2は、2018年（平成30年）2月5日12時の地上天気図ですが、日本海北部に上空の寒気を伴う低気圧がありますが、日本付近全体では、西側の気圧が高く東側の気圧が低い「西高東低の気圧配置（冬型の気圧配置）」となっています。日本海から朝鮮半島には強い寒気が南下し、朝鮮半島北部沖から福井県にかけて日本海寒帯気団収束帯ができ、福井県では強い雪が降るなど大荒れの天気となりました。福井市では、2月7日に最深積雪が147cmとなり、37年ぶりに130cmを超えました。福井県では国道8号線が約10kmにわたり車約1,500台が立ち往生するなど道路網が寸断し、自衛隊が出動しました。

8 北極の現象が日本でも見られる「ポーラーロウ」

　低気圧のほとんどは、暖気団と寒気団の境目の温度差が大きい場所（前線上）で温かい空気が冷たい空気の下に潜り込むことによって生じる温帯低気圧か、水蒸気が豊富な熱帯の海上で水蒸気が凝結することによって生じる熱帯低気圧（台風）です。しかし、例外もあります。その一つが極低気圧（英語：polar low、ポーラーロウ）で、

図8-1　3つの低気圧の位置関係

気温が非常に低い寒気団が凍っていない海の上を通過するときに大気が不安定となって発生します（図8-1）。名前のとおり、多くは両極地方で発生し、前線を全く持たないこと、雪雲による数百kmの渦巻が形成されていることが特徴的です。ミニ台風と呼ばれることがあるように、見かけ上は台風に似ています。大きさが1,000km以上もある温帯低気圧や大型の台風と比べれば、規模が小さな低気圧ですが、時として大雪や暴風、雷など激しい気象状況をもたらすことがあります。

　ポーラーロウについては、気象衛星以外の気象観測がほとんどない極域で発生するため未解明な点も多いのですが、極から遠く離れた日本海でも発生します。ユーラシア大陸からの冷たい寒気が、北極海や南氷洋に比べれば非常に温かい対馬暖流の上を移動しますので、下層と上層の温度差が極地方の海上並みに非常に大きくなるからです。ポーラーロウによる激しい気象の範囲は狭いのですが、日本海側の里雪型の豪雪や海難事故を引き起こします。1986年（昭和61年）12月28日には兵庫県北部の山陰線余部鉄橋で、ポーラーロウによる25m/sを超す突風で回送中の列車が転落、列車乗務員と鉄橋下にあった工場の従業員の7人が死亡、6人が重傷を負っています。

冬季、きれいな渦を巻いている雲の集団がある場合は、ポーラーロウの可能性が高く、この雲の通過時には、一時的に強い降水や雷、降ひょう、突風や竜巻などの現象を引き起こす可能性があります。規模が小さく長続きしないのですが、大きな災害を引き起こすことがありますので、気象衛星から見て、雲の渦が接近しているときは警戒が必要です。

9 世界で一番低緯度の「流氷」

　地球の海のうち、南極や北極に近い極地方を中心に1割の海が凍っています。陸続きに接岸して動かない海氷を定着氷、岸から離れて漂っている海氷を流氷といいますが、海氷のほとんどは流氷です。一番低緯度にある流氷は、オホーツク海南部です。これは、アム

ール川から流れ込む大量の淡水が海の表面に塩分の薄い層を作るためですが、同時にアムール川からリンなどが流れ込むために大量のプランクトンが発生し、世界有数の漁場となっています。このため、海難の発生も少なくありません。気象庁では、前身の中央気象台時代から、北海道沿岸やオホーツク海の流氷の状況を観測し、船舶の安全航行、漁業活動に資する情報を提供してきましたが、流氷の図情報提供が始まるきっかけとなったのは、1970年（昭和45年）3月16日の発達した低気圧による海難です。しけを避けるために19隻の漁船が北方領土の択捉島の単冠（ヒトカップ）湾に避難していましたが、流氷によって8隻の漁船が座礁・沈没し、30人が死亡・行方不明となりました。海面が流氷に覆われると気温が低くなるので、オホーツク海沿岸では鍋底のように2月半ばまで低温が続き、春の訪れは遅くなります（多くの地方では2月に入ると昇温）。また、北海道上の内陸性の寒冷高気圧が発達し、この高気圧から吹き出す風と、北西の季節風とがぶつかって北海道の日本海側に大雪をもたらすことがあります。津軽暖流と親潮（寒流）がぶつかる襟裳岬沖合は海の幸に恵まれていましたが、明治以降の森林伐採で砂漠化し、沖合まで土砂が流入して不毛の海になりました。しかし、戦後の植林事業に加え、1984年（昭和59年）に漂着した流氷が沖合に去るときに海底に蓄積していた土砂を運び去り、豊かな海が復活しています（図9－1）。1974年（昭和49年）の吉田拓郎のヒット曲「襟裳岬（歌：森進一）」の「何もないような荒れた土地だが人情がある」という歌詞の事情が変わっています。

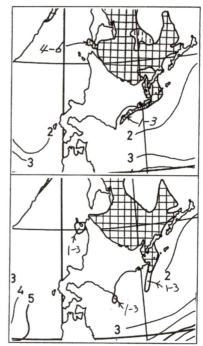

図9－1　昭和59年に流氷が襟裳岬に到達した時、気象庁が発表した海氷情報の一部（上段：1984年3月20日、下段：1984年3月23日）

図9－2　十勝沖地震による霧多布の津波被害（気象庁技術報告より）

　気象衛星が打ち上げられると、すぐに流氷観測にも利用されます。可視画像では、雲があると雲の下にある流氷は観測できませんが、流氷の動きは雲の動きに比べて遅いので、雲のすき間からの観測でも、十分に全貌をつかむことができます。

 **災害事例**

　津波に流氷や流木など固形物が混じっている場合には破壊力が増し、被害が拡大します。1952年（昭和27年）3月4日の十勝沖地震では、北海道で3m前後、三陸沿岸で1〜2mの津波が発生し、全国で死者・行方不明者33人などの被害がありました。このとき、津波の被害が大きかったのは、太平洋に面した浜中村霧多布（きりたっぷ、現在の浜中町）で、流氷と共に押し寄せた津波の第四波で60％の民家が浜中湾に流されました（**図9-2**）。

10 ｜ キャンデーズ^{（※）}で有名となった「春一番」

　春は日本付近で低気圧が急速に発達するため、嵐の季節と言われます。冬の特徴である北からの寒気が残っているところに、夏の特徴である暖気が入り始めることから、条件が重なると、強い寒気と強い暖気がぶつかって低気圧が急速に発達することがあるからです。低気圧が日本海で急速に発達すると、この低気圧に向かって暖かい湿った南風が吹き込みますので、太平洋側では暖かい湿った南風と強い雨に、日本海側では気温が上昇して雪崩や融雪洪水などの気象災害がおきます。立春後に最初に吹く強い南風を春一番と言います。内務省地理局東京気象台（気象庁の前身）が、暴風警報業務を考えはじめたきっかけの一つが、開拓使に雇われていたB.S.ライマンによる「北海道近海の春一番による漁船遭難を防げる」という建白です。春一番の語源については諸説ありますが、長崎県壱岐郡郷ノ浦町（現・壱岐市）で安政6年（1859年）2月13日に海難で53人が亡くなったことから呼びはじめたということが定説になっています。気象関係者が使い始めたのが1956年（昭和31年）2月7日の日本気象協会の天気図日記、マスコミに取り上げられたのは1962年（昭和37年）2月11日の朝日新聞夕刊「…地方の漁師たちは春一番という…」と、毎日新聞夕刊「…俗に春一番と呼び…」でした。しかし、春一番が一躍有名になったのは、キャンディーズのヒット曲「春一番」からです。気象庁では春一番という言葉が浸透したことを利用し、春一番の情報を発表することで防災情報の充実をはかっています。気象庁のいう春一番は、立春から春分まで（2月4日頃から3月21日頃）に、8m/s以上の南よりの風が吹き、気温が上昇するときです。

　（※）キャンディーズは1970年代に活躍した日本の女性3人組アイドルグループ。「春一番」は昭和51年（1976年）発売。

 春一番のあとは、西高東低の冬型の気圧配置となり、寒くなります。「寒のもどり」です。春一番を境に、一気に春になるわけではありません。

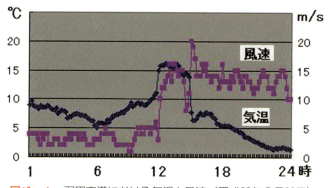

図10－1　羽田空港における気温と風速（平成20年2月23日）

図10－2　春一番の定義

地方	定義	発表開始
関東地方	立春～春分。日本海に低気圧（理想的には発達）。東京で西南西～南～東南東8.0m/s以上。前日より気温が高い。	昭和30年頃
九州地方北部（含山口県）	立春ごろ～春分。日本海に低気圧（発達の見込あり）。九州北部に強い南風、昇温	昭和50年頃
九州地方南部	立春ごろ～春分。日本海で低気圧が発達。南寄りの強風、昇温の初日。	昭和54年
近畿地方	立春～春分。日本海に発達した低気圧。南よりの風が最大8.0m/s以上、最高気温が平年値か前日値よりかなり高い。	昭和57年
四国地方	立春～春分。日本海に発達した低気圧（1000hPa以下）。南よりの風が10m/s以上で昇温。	昭和57年頃
中国地方（除山口県）	立春ごろ～春分。日本海に発達した低気圧南よりの強風、昇温。山陰側だけ強風でも春一番とする。	昭和57年頃
東海地方	立春～春分。日本海に発達した低気圧。東海地方の地方気象台の1ヶ所以上で西南西～南～東南東8.0m/s以上。最高気温が平年値を上回る。	昭和57年頃

災害事例

　2008年（平成20年）2月23日の関東地方では、日本海の低気圧に吹き込む南よりの風が15m/s以上と強くなり、気温も4月上旬なみに急上昇して春一番となりました。鉄道は運転中止や運休で混乱し、強風でビルの鉄骨落下、クレーン車転倒等の被害が相次ぎました。その後、寒冷前線の通過に伴って気温が急降下し、羽田空港（東京都）では14時50分の13.8℃から15時00分の7.7℃まで、10分間に6.1℃も急降下しています。寒冷前線通過後は、20m/sを超す強い北よりの風が吹き、翌24日にかけて強い冬型の気圧配置となって北日本から西日本の日本海側では非常に強い風と大雪による交通機関の乱れや事故が相次ぎました（図10－1）。

知っておくべきお天気情報のツボ

　近年、春を告げる風物詩的に受け取る人が増えたと言われていますが、もともとは危険な風で、一気に冬に戻る春一番の翌日も含め、油断できません。各地の春一番の定義は、図10－2のように各地で多少異なります。

11 和製英語の「メイストーム」

　春は日本付近で低気圧が急速に発達するため、嵐の季節と言われます。冬の特徴である北からの寒気が残っているところに、夏の特徴である暖気が入り始めることから、条件が重なると、強い寒気と強い暖気がぶつかって低気圧が急速に発達することがあります。立春後に最初に吹く強い南風を春一番と言いますが、低気圧が日本海で急速に発達することでおきます。冬の間は、強い寒気の影響で、低気圧は日本付近で発生するか、発生して通過するとしても、ほとんどが本州の南岸通過で、日本海にはほとんど入りません。寒気が弱まると、低気圧の進むコースが北上して日本海に入りますので、春の嵐の最初が春一番です。メイストームは、同じ春でも4月後半から5月という春の終わりに、日本付近が温帯低気圧の急速な発達により大風が吹く現象のことです。日本海や北日本周辺海域で低気圧が急速に発達し、各地で強風が吹き荒れ、海上では波が高く大荒れとなります。寒冷前線が通過する時は、雷を伴って強い雨が降り、突風が吹きます。また、寒冷前線通過後は、寒気が入って一時的に寒くなります。このように、日本列島が広い範囲にわたって急激に変化するため、山や海では遭難事故の可能性が高くなります。

 メイストームは「嵐の危険性が高い春はそろそろ終わりだが、海や山への人出が増え危険性は増している」との警告の意味があります。

⚠ 災害事例

　1954年（昭和29年）5月9～10日は、北日本近海で低気圧が急激に発達し、北海道周辺海域では風速15～30mの暴風が吹き荒れました。華北から日本海に進んできたこの低気圧は、5月9日9時には988hPaでしたが、24時間後の10日9時には北海道東方で952hPaまで発達しています。北海道周辺海域では風速15～30mの暴風となり、ちょうどサケ・マス漁の時期であったため多くの漁船が遭難し、361人が亡くなりました。この事故をきっかけにメイストームという、和製英語が生まれました。

知っておくべきお天気情報のツボ

　近年、日常生活と同じ感覚で、自分の都合だけで行動する人が増えています。春山は、麓では初夏のようでも山頂付近では冬の厳しい寒さであることを知らずに軽装で登ったり、時々高い波が混じる危険性を知らないで海辺に近づく人もいます。メイストームが休日や祝日と重なった場合は、普段に増しての警戒が必要です。

12 日本付近は「爆弾低気圧」の多い地域

　急速に発達し、熱帯低気圧並みの風雨をもたらす温帯低気圧を「bomb cyclone」といい、これを直訳した「爆弾低気圧」という言葉が、マスコミ等で使われることがあります。しかし、日本では、「爆弾」という表現に抵抗があることなどから、気象庁が用いている予報用語では「急速に発達する低気圧」と表現しています。世界気象機関（WMO）の爆弾低気圧の定義では、低気圧の緯度をφとし、24時間で24×（sin φ/sin 60度）hPa以上の中心気圧の低下が見られたものをさします**（図12－1）**。つまり、24時間に、温帯低気圧が北緯60度にある場合は24hPa以上、日本付近にある場合は15～20hPa以上の中心気圧の低下がみられる場合が爆弾低気圧です。冬から春にかけての日本付近は、暖気と寒気が激しくぶつかるため、世界の中でも爆弾低気圧の発生がよく見られる地域です。

　2007年（平成19年）1月6日から7日にかけて、東日本から北日本の太平洋側を急発達しながら北上した爆弾低気圧は、中心気圧が24時間に44hPaも低下し、「昭和45年1月低気圧」の32hPaや1954年（昭和29年）5月9日の低気圧による36hPaを上回る記録的な発達をしました**（図12－2）**。たった一日で、これだけ様相が変わります。北海道日高支庁浦河では最大瞬間風速48.0m/sを観測するなど、西日本から北日本の広い範囲で暴風や高波および北海道東部では大雪となり、負傷者14人、住家被害600棟などの被害が発生しました。

爆弾低気圧は、中・高緯度で発生する温帯低気圧の話です。低緯度地方で発生する台風などの熱帯低気圧は、1959年（昭和34年）の台風15号（伊勢湾台風）で24時間に91hPa発達など、全体の約1％は24時間に50hPa以上発達しています。しかし、台風による暴風は、台風の中心付近だけの激しい現象であり、防災対策は爆弾低気圧のほうが難しいといえます。

図12－1　爆弾低気圧の定義

温帯低気圧の24時間の気圧低下量	
北緯80度	27hPa以上
北緯70度	26hPa以上
北緯60度	24hPa以上
北緯50度	21hPa以上
北緯40度	18hPa以上
北緯30度	14hPa以上
低緯度では温帯低気圧が存在しない	

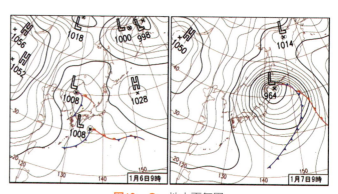

図12－2　地上天気図
（左：平成19年1月6日9時、右：7日9時）

災害事例

1970年（昭和45年）1月30日から2月2日にかけて台湾付近で発生し北東進した低気圧は、日本海から東進した低気圧が一緒になり、24時間に32hPaも気圧が下がるという爆弾低気圧となっています。このため、東日本・北日本は猛烈な暴風雪や高波に見舞われ、岩手県宮古市で36.7m／秒の最大瞬間風速、札幌市で63cmの日降雪量、栃木県日光市で126mmの日降水量などを観測しました。中部地方から北海道にかけて暴風・大雨・波浪の被害が発生し、福島県いわき市小名浜港で貨物船が沈没し、乗員15人が死亡または行方不明となるなど、死者・不明者25人、住宅被害5,000棟以上、船舶被害300隻という大きな被害を出しています。気象庁は、このときの低気圧を「昭和45年1月低気圧」と命名しましたが、低気圧で命名したのはこのときだけです。また、最低気圧の記録は、台風の通過によって観測されることが多いのですが、仙台市967.1hPa、宮古市963.6hPa、八戸市962.1hPaなど、東北地方の多くは、「昭和45年1月低気圧」のときです。

13 「移動性高気圧」の春と秋の違い

周囲より気圧が高く、閉じた等圧線で囲まれたところを高気圧といいます。春や秋になると、揚子江中流域から東進してきた高気圧が日本付近を周期的に（3～4日ごとに）通過するようになりますが、この高気圧を移動性高気圧といいます。春の移動性高気圧は、発達しながら通過することが多いため、日本付近は高気圧の後面（中心より西側の領域）に入る期間が長くなります。高気圧の後面は、南から暖かく湿った空気が入りやすいこと、中国からの細かい黄砂のチリがやってくることから、春霞という言葉があるように、視程が悪くなり、空がかすむことが多くなります。一方、秋の移動性高気圧は東に進むにつれ衰弱したり、中心が日本に停滞しがちで、北からの寒気が入りやすい高気圧の前面に入る期間が長くなりますので視程が良くなります。同じ、移動性高気圧といっても、春と秋では違った面があります（図13－1）。

移動性高気圧の中の天気は一様ではありませんので、移動性高気圧がどのようなコースを進むかによって日本の天気は変わります（図13－2）。北緯35度線を西から東に進む場合は全国的に晴天とな

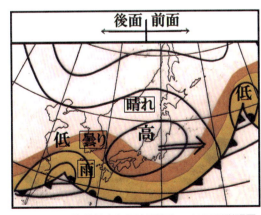

図13－1　移動性高気圧と天気についての説明図

りますが（図13－2の①）、これより南を東進する場合は晴天は関東から西の地方だけで（図13－2の②）、これより北を東進する場合は北日本だけが晴天です（図13－2の③）。日本海北部から関東地方に進む場合は、全国的に晴天ですが気温は上がらず肌寒い日となります（図13－2の④）。

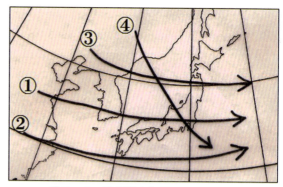

図13－2　移動性高気圧の4つの進路

　移動性高気圧に覆われると、昼間は晴れて気温が高くなっても、夜間の放射冷却によって気温が低くなり、明け方には霜が降りることがあります。春の霜を遅霜といい、育ち始めた農作物にとって深刻な影響を与えます。昔から「八十八夜の別れ霜」、「九十九夜の泣き霜」という言葉がありますが、一般的には、立春から数えて88日（5月2日頃）の夜までは霜が降りるので注意が必要で、99日目（5月13日頃）の夜に霜が降りると大変な被害がでるという意味です。植物の成長が進んだ時期の霜ほど植物に与えるダメージが大きくなるということから「別れ」と「泣き」の差です。

　秋に農作物の取り入れが済んでいないうちに降る霜を早霜といいます。気象庁の霜注意報は、農業関係期間等と調整をし、その土地の農作物にとって霜が困る春（と秋）だけの発表です。冬は霜が降りても、植物が眠っていますので被害が発生しないからです。

知っておくべきお天気情報のツボ

移動性高気圧におおわれると、昼間は暖かくても夜間は特に冷えますので、昼間は暖かくても帰りが遅くなるときなどにはセーターを持参するなど、体調管理に注意が必要です。

14　日本だけでなく東アジア全体の現象「梅雨」

　晩春になると、オホーツク海には低温多湿のオホーツク海高気圧が発達し、北太平洋の高温多湿な太平洋高気圧との間に前線を作るようになります。これが梅雨前線で、それまでに比べて雨が多く、日照が少なくなる季節現象が、北海道と小笠原諸島を除く日本だけでなく、中国の華南や華中の沿海部、台湾、朝鮮半島南部という東アジアで始まります。沖縄では梅雨が二十四節気の小満（5月21日頃）から芒種（6月6日頃）の時期であることから、小満芒種（スーマンボウスー）や芒種雨（ボースーアミ）、韓国では長霖（チャンマ）と呼ぶことがありますが、中国、台湾でも梅雨（メイユー）と呼ぶなど、ほとんど

の場合、東アジア原産の梅の実が熟す頃の雨、梅雨と呼ばれています。

　この梅雨は、東アジアだけの現象ではなく、アジア全体の現象の一部です。ジェット気流は、冬は低緯度にあり、暖かくなるにつれて北上します。梅雨期にはチベット高原にぶつかって分流し、北の分流はシベリア上空にある別のジェット気流とともにオホーツク海付近で南の分流と合流します。そこでは空気が集まってオホーツク海高気圧が発達します

図14－1　梅雨の説明図（シベリア上空の別のジェット気流は省略：「お天気ニュースの読み方・使い方（オーム社）」より）

が、季節が進み、ジェット気流がチベット高原の北まで北上し、分流がなくなれば、オホーツク海高気圧も弱まって梅雨が明けます**（図14－1）**。

　同じ梅雨の雨といっても、降り方には差があります。梅雨はシトシトと雨が降り続くイメージがあるのですが、それは、関東を中心とした梅雨の雨のイメージです。沖縄の梅雨は、スコールのように降るときは、いきなりザーッと降り、降り止むと青空が広がることが多いという特徴があります。

 湿度が高くてカビ（黴、黴）が生えやすい雨という黴雨（ばいう）（黴雨）を、発音が同じ梅に置き換えたという説もあります。梅雨入りすると雨に注意が集まりますが、食中毒にも警戒が必要です。

知っておくべきお天気情報のツボ

　ヒマラヤ付近の天候が安定するのは、チベット高原にジェット気流が近づく直前の5月で、各国の登山チームがエベレスト等へのアタックを行います。ニュージーランドのエドモンド・ヒラリー等がエベレスト初登頂に成功したのも1953年（昭和28年）5月29日でした。チベット高原でジェット気流が分流をはじめると、インドは9月までの長い雨期に入ります。ヒマラヤ登山が成功とか、インドでモンスーンの雨期に入ったというニュースは、日本でも梅雨の備えは怠るなという警告のニュースです。2013年（平成25年）のように、梅雨に入って雨が少ないといっても、梅雨明けを聞くまでは雨に対する警戒を継続することが必要です。

 沖縄の梅雨が明けると、本州・四国・九州では梅雨末期の豪雨に警戒が必要となります。

梅雨入りと梅雨明けの予報

気象庁では、梅雨のない北海道を除いた日本を12の地域（沖縄、奄美、九州南部、九州北部、四国、中国、近畿、北陸、東海、関東甲信、東北南部、東北北部）に分け、気象予測をもとに「〇〇日頃梅雨入り（明け）したとみられます」という速報を発表します。梅雨入りは、その日から雨が続く雨期入りとは違いますので、梅雨入りの翌日が晴れということはよくあります。そして、梅雨の季節が過ぎてから、春から夏にかけての実際の天候経過を考慮した検討をし、9月のはじめに梅雨入りと梅雨明けを統計値として確定しています。図14-2の説明図のように、速報で7日が梅雨入りでも、8日が晴れなので、これを重視すれば統計値では9日、4～6日の曇りを重視すれば2日が梅雨入りということになります。あるいは、梅雨入りがはっきりしないとして梅雨入りを特定しないこともあります。梅雨明けも同様です。ただ、梅雨明けは、夏を迎えるという意味があることから、秋の気配が感じられる頃とされる立秋（8月7日頃）をすぎると特定をしません。このため、梅雨明けが遅い北日本ほど梅雨明けを特定しない年が多くなり、近年増加傾向にあります。

図14-2　梅雨入りのイメージ（7日が速報で梅雨入りとした場合）

15 「走り梅雨」に梅雨の戻り、さざんか梅雨などいろいろな梅雨

　晩春から夏にかけて雨や曇りの日が多く現れる期間が「梅雨」ですが、降雨や曇天が続くと、梅雨と似ているということから、語尾に「梅雨」をつけた言葉が使われます。菜種の花が咲く頃（3～4月）にかけての連続した降雨を「菜種梅雨」といいます。沖縄では5月上旬に梅雨入りですが、本州・四国・九州の梅雨入りは6月前半ですので、5月の長雨は「先駆け」の意味から「走り梅雨」と呼びます。「前梅雨」、「迎え梅雨」、地方によっては筍が旬であることから「筍梅雨」とも言います。梅雨期間でも、強い雨が降ったり晴天となったり、変化が激しい梅雨を「陽性梅雨」、あまり強い雨にはならないが曇りや雨の天気が続くと「陰性梅雨」、雨日数や降水量が少ないと「空梅雨（照り梅雨）」です。昔は、「男梅雨」、「女梅雨」という言葉もありましたが、男女のイメージが変わってきている昨今では、使われていません。また、梅雨のない北海道でも、2週間くらいリラ冷えと呼ばれる肌寒い天気が続く年があり「蝦夷梅雨」と呼ばれます。梅雨末期にはそろそろ梅

雨明けということで「送り（帰り、残り）梅雨」、持続的な悪天が梅雨明け後に現れると「戻り梅雨」、初秋のときは「すすき梅雨」、晩秋から初冬は「さざんか梅雨」です。

このように、ほぼ一年にわたって「梅雨」という言葉があるのは、日本人にとって梅雨が大きな関心事であることの反映です。旧暦では、現在の暦より約1か月遅れていますので、「五月雨（さみだれ）」は6月の雨をさし、「五月雨を集めて早し最上川（芭蕉）」は梅雨の歌です。5月の雨は「走り梅雨」です。また、五月晴（さつきばれ）は梅雨時の貴重な晴れ間のことであり、現在広く使われている「5月の晴天」ではありません。

知っておくべきお天気情報のツボ

近年の梅雨は、前半はシトシト降り、強い雨は後半というパターンが崩れ、「走り梅雨」や梅雨前半に強い雨が降る傾向もあり、気候の変動との関係が議論されたりしています。走り梅雨といっても、梅雨期なみに（五月雨なみに）警戒したほうが良い時代に入っているかもしれません。

16　集中豪雨の原因「バックビルディング現象」

複数の積乱雲の塊は、個々では発生と消滅を繰り返しますが、全体としては勢力を維持することがあります。このような場合、個々の積乱雲は中層の風に流されますが、新しい積乱雲の発生場所は、積乱雲から吹き降りて、地表面を周囲に広がっている風と下層の風がぶつかるところです（図16－1）。この現象が組織的におき、成長期・成熟期・衰退期など異なるステージの積乱雲が線状に並んで一般風の方向に移動し、風上側に新しい積乱雲が生じる現象をバックビルディング（Back building）現象といいます（図16－2）。ビルディングの後ろに次のビルディングが建設されていくように、積乱雲の後ろに次々に新しい積乱雲が発達するという言葉は、昭和60年頃からアメリカで使われました。日本で

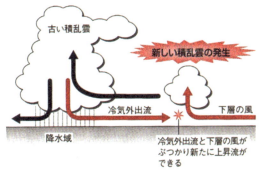

図16－1　積乱雲群において新しい積乱雲の発生場所
　　　　　（著者作成）

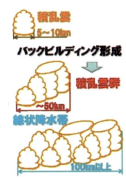

図16－2　バックビルディング現象の形成
　　　　　（気象研究所報道発表資料より）

は、東京大学の小倉義光教授が集中豪雨を分類すると、ほとんどがバックビルディングであることを報告した1991年（平成3年）が最初とされていますので、最近できた言葉ではありません。

　気象庁が報道発表している資料の中で、バックビルディングという言葉を使ったのは、「平成29年7月九州北部豪雨」（7月11～14日）により大災害が発生した時が最初とされています。そして、バックビルディングという言葉が、国民の間に浸透したのは、2014年（平成26年）夏の2つの災害からで、一つは7月に沖縄県で台風8号に伴う大雨で大雨特別警報が発表されたとき、もう一つは、7月末から8月中旬に気象庁が「平成26年8月豪雨」と命名するほどの豪雨災害が発生したときです。

一つの積乱雲による大雨はあまりなく、多くは、次々に積乱雲が同じ場所に移動してくることでの大雨です。強い雨が持続する時は厳重な警戒が必要です。

⚠ 災害事例

　2014年（平成26年）8月16日から17日にかけては、近畿、北陸、東海地方を中心に、19日夜から20日明け方にかけては、広島市の安佐北区、安佐南区で記録的な大雨が降り、大規模な土砂災害が発生し、75人が亡くなっています（図16-3）。

知っておくべきお天気情報のツボ

バックビルディング型やバックアンドサイドビルディング型（図16-4）など、マスコミ等でバックビルディングに関する新しい用語が次々に使われていますが、これまでになかった現象ではありません。

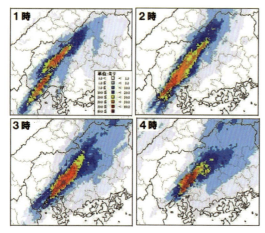

図16-3　平成26年8月20日の広島豪雨時の解析雨量（左上：0時～1時の1時間雨量，右上：1～2時，左下：2時～3時，右下：3～4時：気象庁報道発表資料より）

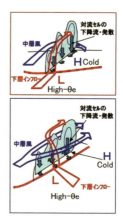

図16-4　バックビルディング型とバックアンドサイドビルディング型（気象研究所・瀬古弘による）

17 夏冬で位置が違う「熱帯収束帯」

　太陽の光が斜めから入射する場合と、真上から入射する場合では、単位面積当たりの光の量が違います。高緯度の国では、太陽が斜めに当たり、ときには全く当たらないこともあって気温が上がりません。これに対し、赤道付近では太陽がほぼ真上から照り付けるため、強く暖められます。このため、南北方向の気温差が大きくなる傾向があるのですが、南北方向に流れる大気の循環によって、熱が赤道付近から極地方へ運ばれ、極端な温度差にはなりません。ただ、この南北方向に流れる大気の循環は、地球の自転の影響によって、複雑になります**（図17－1）**。

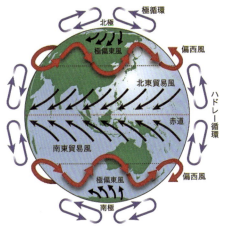

図17－1　地球規模の大気の循環

　まず、赤道付近で上昇した空気は、ハドレー循環で中緯度に運ばれ、そこで下降することで熱が赤道付近から中緯度に運ばれます。中緯度に運ばれた熱は、偏西風の蛇行という東西方向の波打つ流れによって、さらに中緯度から高緯度に運ばれます。そして、高緯度から極地方へは極循環によって熱が運ばれます。北半球、南半球も事情は同じです。その結果、赤道付近では、北半球の中緯度で下降した空気が赤道付近の戻ろうとする北東貿易風と、南半球の中緯度で下降した空気が赤道付近の戻ろうとする南東貿易風がぶつかって熱帯収束帯（ITCZ）と呼ばれる雲が多い場所ができます。

　熱帯収束帯では空気が上昇しやすくなり、地上気圧は低くなります。このため、熱帯収束帯のことを熱帯低圧帯と呼ぶことがあります。そして、熱帯収束帯の雲の中から熱帯低気圧が発生し、台風に発達するものもあります。

　赤道収束帯の位置は、いつも赤道上ではありません。大雑把に言えば、北半球が冬のときは、南半球に移動し、北半球が夏になると赤道より北に移動してきます。ただ、アフリカ大陸や南アメリカ大陸では地形の影響で、季節による移動が大きくありません**（図17－2）**。

図17－2　熱帯収束帯の位置

夏になると熱帯収束帯が北上しますので、台風発生域が日本に近づいていることになります。夏は台風が発生すると、すぐに台風接近ということになります。

18 ｜ 2種類ある「フェーン現象」

　山を越えて風が吹くとき、山の風下側では気温が異常に上昇することがあります。これをフェーン（foehn）現象といいます。逆に、山の風下側では気温が異常に下降することを、フェーン現象と対比させて、ボラ（bora）現象といいます。

　地中海には、ボラのほか、同じく山越え寒冷風であるミストラルや、初夏にアフリカから地中海を越えて吹く暑い南風（地中海を超えるときに乾燥した風から高温湿潤の風に変質）であるシロッコという局地風があります（図18－1）。これらの地方における局地風の研究が世界に先駆けて行われたため、地方で使われていた名称が、一般的な局地風の名称に変わっています。

図18－1　地中海の局地風

　第4代の中央気象台長（現在の気象庁長官）を長年努め、多くの著作を残し、戦前の気象業務を指導してきた岡田武松は、フェーン現象に発音が似ている「風炎」という漢字をあてています。夏のフェーン現象は、炎の傍にいるような記録的な暑さをもたらす風であり、春や秋のフェーン現象は火災をもたらす風ということで、意味が分かる熟語です。

　フェーン現象には、熱力学フェーンと静力学フェーンがあり、一般的には、熱力学フェーンをさします。未飽和の空気塊が山の斜面に沿って上昇すると空気は膨張し、1,000mにつき10℃の割合で気温が下がります。飽和している空気塊が山の斜面を上昇するときは、大気中の水蒸気が凝結して雲が発生し、降水となります。このときに凝結熱を放出するため、気温が下がる割合は1,000mにつき、約5℃です。空気塊が下降するときは、空気が圧縮して気温が1,000mにつき10℃上がります。

　図18－2の熱力学フェーンの場合、風上側で15℃の空気は、降水が始まる1,000m上空で5℃となり、2,000m下がった風下側では20℃になります。一方、大気は平均的には、

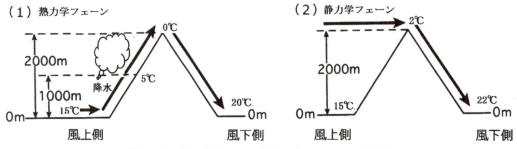

図18－2　熱力学フェーンと静力学フェーンの説明図

1,000mにつき6.5℃下がりますから、下層から空気が上昇してこない場合は、地上で15℃なら、2,000m上空では2℃になります。この空気が山を吹き降りるので、静力学フェーンの場合は、風下側では22℃になります。どちらのフェーン現象でも、風下側では気温が高くなって乾燥しますが、熱力学フェーンの場合は、風上側に降水を伴いません。このため、静力学フェーンのことをドライフェーンと呼ぶことがあります。

　冬季に、季節風が強まって関東地方に空っ風が吹くときも、日本海側に雪を降らせた空気が山越えして降りてきます。夏場に比べて気温が低く、含まれている水蒸気の量が少ないので顕著ではないにしても、フェーン現象は起きています。しかし、風上側よりは暖かくなっているとはいえ、それまであった空気よりは冷たい空気が入ってくることに加え、風が強いことにより体感では温度を低く感じるからです。このため、冬の関東地方に卓越する乾燥した冷たい風（空っ風：からっかぜ）は、ボラ現象です。特に群馬県で冬に見られる北西風は、「上州のからっ風」として有名で、群馬県の名物となっています。空っ風は、乾燥した強風でるため、日射が強いことと合わせて、空っ風の強い地方では、「天日干し」により農作物や魚などを干物に加工した食品工業が発達しています。また、風向が一定である強風であるため、これを利用して、風力発電などが行われています。

気象災害には、①気象の現象そのものが災害となるもの、②気象の現象が引き起こすものが災害になるもの、③災害を起こす現象がほかにあり、気象の現象が拡大や集中させることで災害になるものの3種類があります。風でいえば、強い風によって建物が倒れるなどの風害が①です。また、強い風によって高い波が発生し、その波によって海岸が削られるなどの波浪害が②です。これに対し、弱い風によって大気汚染物質が1か所に集まって停滞することで生じる大気汚染害が③に相当します。また、強い風によって火災が広がって大火になるのも③です。

19 アメリカ人の感覚で作られた「不快指数」

　アメリカの気象学者E.C.トムが提唱し、冷房設計に使われた不快指数（DI）は、アメリカの天気予報番組で1959年（昭和34年）夏から取り上げられ、日本では1961年（昭和36年）頃から使われました。日本人の場合、75以上では9％、77以上では65％、85以上では93％の人が不快を感じるという調査もあります。ただ、この不快指数の計算がややこしいということをよくききますが、摂氏の湿度で考えるから複雑になったのです。T：気温（℃）、U：相対湿度（％）とすると、不快指数（DI）は次式で表されます。
　DI＝0.81×T＋0.01×U×（0.99×T－14.3）＋46.3…①

　これは、昔は湿度を簡単に測定するのには、水で湿らせた温度計は空気が乾いていればいるほど蒸発熱を奪われて気温との差が大きくなるという原理を使った乾湿温度計が使われていたなごりです。

温度計感部を布で覆って湿らせた湿球温度計で求めた湿球温度は、空気が乾いていればいるほど蒸発熱を奪われて気温（乾球温度計で求めた温度）との差が大きくなります。このことを使って湿度を求めることができますが、値が高いほど不快に思う人が増える「不快指数」を求めることができます **(図19-1)**。

Tw：湿球温度（℃）とすると、次式となります。

DI＝0.72×（T＋Tw）＋40.6…②

温度は、ほとんどの国で摂氏（氷点が0度、1気圧での沸点が100度）を使っていますが、アメリカは華氏を使っています。ドイツの物理学者G.ファーレンハイトが作った華氏は、人の体温を100（＝37.8℃）、血液の凍る温度（氷と塩をまぜると得られる温度）を0（＝－17.8℃）としたものです。T'：気温（F）、Tw'：湿球温度（F）、T''気温と湿球温度の平均とすると、次式となります。

DI＝0.4×（T'＋Tw'）＋15＝0.8×T''＋15…③

日本での記録的な高温はフェーン現象がからみますので、湿度が低く、不快指数はなかなか100には達しません。埼玉県熊谷では、2007年（平成19年）8月16日14時42分に40.9℃の日本記録を観測していますが、この日の15時の観測では、気温39.4℃、湿度30％で不快指数88です。

不快指数は、乾湿温度計で気温と露点温度を華氏で観測し、図19-2のような図を使うと簡単に求められます。

図19-1　乾湿温度計

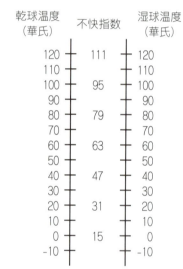

図19-2　華氏温度と不快指数の関係（乾球温度と湿球温度の平均が100Fの場合は不快指数は常に95）

知っておくべきお天気情報のツボ

気象台等の気温の観測や予報は、風通しの良い日陰での観測であり、予報です。同じ気温でも湿度が違うと体感温度が違います。空気がよどみ、湿度が高くて発汗作用が行われない場所（不快指数が高い場所）では、警戒が必要です。

20 湿度と日射が重要な体感温度「暑さ指数」

人間が感じる暑さ、寒さの温度感覚（体感温度）は、皮膚温度と気温との差だけで決まるのではなく、体の表面からの熱の出入りで決まりますので、気温、湿度、輻射熱、風速などによって大きく違います。昔から体感温度を客観的に観測するため、様々な工夫がおこなわれてきました。不快指数は、気温と湿度から求めた体感温度ですが、人体に与える影響が大きい気温、湿度、輻射熱から求めた体感温度が、暑さ指数（WBGT：wet-bulb globe temperature）です。1957年（昭和32年）に米国陸軍での訓練のときに、熱中症を予防するために作られました。輻射熱を測るため、黒色に塗装された薄い銅板の球の中心に温度センサーを入れた黒球温度計（図20-1）で求めた黒球温度を使い、次の式で計算されます。つまり、気温が高いほど、湿度が高いほど、輻射熱が強いほど暑さ指数は大きな値となります。

図20-1　黒球温度計
（左側：国立環境研究所のHPより）

屋外：暑さ指数（WBGT）＝0.7×湿球温度＋0.2×黒球温度＋0.1×乾球温度

屋内：暑さ指数（WBGT）＝0.7×湿球温度＋0.3×黒球温度

図20-2は、全国6都市（東京・大阪・名古屋・新潟・広島・福岡）の暑さ指数の最高値の平均と救急車搬送数の関係ですが、暑さ指数が厳重警戒を示す28℃以上になると、救急車搬送数が急増しています。また、夏のはじめは、体が夏の暑さに慣れていないこともあり、同じ値の暑さ指数であっても、搬送者が多くなる傾向があります。暑さ指数が31℃以上になると、全ての生活行動で危険性があります（図20-3）。

図20-2　平成24年夏の暑さ指数と熱中症搬送者数
（図中の数値は死者数、環境省報道発表資料より）

図20-3　暑さ指数（WBGT）の使い方（日本生気象学会（2012）より）

温度基準 （WBGT）	注意すべき生活活動の目安と注意事項
危険 （31℃以上）	すべての生活活動でおこる危険性。高齢者においては安静状態でも発生する危険性が大きい。 外出はなるべく避け、涼しい室内に移動する。
厳重警戒 （28～31℃）	すべての生活活動でおこる危険性。外出時は炎天下を避け室内では室温の上昇に注意する。
警戒 （25～28℃）	中等度以上の生活活動でおこる危険性。運動や激しい作業をする際は定期的に充分に休息を取り入れる。
注意 （25℃未満）	強い生活活動でおこる危険性。一般に危険性は少ないが激しい運動や重労働時には発生する危険性がある。

知っておくべきお天気情報のツボ

気象台等の気温観測は、風通しの良い日陰での観測で、体感温度と違います。空気がよどみ、湿度が高くて風が弱く、太陽やその光が当たった地面や壁からの輻射を受けている場所では、気象台等の発表する気温以上に熱く感じ、熱中症の危険が高くなっています。

21 | 熱帯夜で収まらなくなって「超熱帯夜」

　夜間（夕方から翌朝までという漠然とした時間帯）の最低気温が、25℃以上のことを熱帯夜（tropical night）といいます。熱帯のように暑く寝苦しい夜のことです。気象統計では最低気温が夜明け前に観測されることが多いこと、夜間がいつからいつまでというはっきりした時間帯が決まっていないことから、多くの場合、一日の最低気温が25℃以上の日を熱帯夜として扱っています（厳密な意味での熱帯夜の統計はありません）。このため、まれには、明け方までの気温が25℃以上の夜であっても、その後に寒気がはいって気温が下がれば熱帯夜の日ではなくなるということも起きます。近年はヒートアイランド現象の影響で熱帯夜が増加・長期化しています。東京の日最低気温が25℃以上の日は、戦後すぐでは年間10日程度でしたが、昭和末期には40日に達することも珍しくなくなり、2010年（平成22年）は56日もありました。令和になっても、2019年（令和元年）が28日、2020年（令和2年）が27日、2021年（令和3年）が19日と、年による変動はありますが、かなり増加しています。

　暑さを示す用語は、熱帯夜のほかに、一日の最高気温が25℃以上の日が夏日（summer day）、30℃以上が真夏日（tropical day）、35℃以上が猛暑日（extreme heat day）であり、いずれも増加傾向です。そして、日最低気温が30℃以上という日（超熱帯夜：気象エッセイストの倉嶋厚さんが名称を提案）が使われはじめています。日最低気温が30℃以上の日は、平成になってからどんどん増えています（**図21-1**）。

　気温が詳細に観測されている気象台等で最初に日最低気温30℃以上を観測したのは、2000年（平成12年）7月31日の富山です（**図21-2**）。

　ただ、東京では2004年（平成16年）7月20日夕方から21日の朝まで気温が30℃以上あり、富山だけでなく東京でも超熱帯夜を観測していますが統計にはでてきません。これは、前日に観測史上最高の気温（20日に39.5℃）を出した影響が続いていたのですが、23時頃に30℃を下回っています（21日に最低気温29.6℃：1位の記録）。

図21-1　日最低気温が高い記録

順位	地点	日最低気温	年月日
1	新潟県糸魚川市	31.3℃	令和元年（2019年）8月15日
2	新潟県相川市	30.8℃	令和元年（2019年）8月15日
3	福岡県福岡市	30.5℃	平成30年（2018年）8月22日
4	東京都千代田区	30.4℃	平成25年（2013年）8月11日
5	新潟県上越市	30.3℃	令和元年（2019年）8月15日
5	石川県小松市	30.3℃	平成12年（2000年）7月31日

図21-2　富山と東京の超熱帯夜

日最低気温の極値	富山 平成12年 7月31日 30.1℃	東京 平成16年 7月21日 29.6℃
前日18時	33.1	35.3
19時	32.3	34.3
20時	31.5	33.8
21時	31.2	33.5
22時	31.0	33.2
23時	31.3	32.1
24時	31.2	31.7
当日1時	31.5	30.9
2時	31.2	30.9
3時	30.9	30.8
4時	30.2	30.6
5時	30.3	30.3
6時	31.1	30.6
7時	32.0	31.7
8時	33.3	33.7
9時	34.1	34.3
10時	35.2	34.8
11時	36.1	36.7
12時	36.4	37.2
13時	37.7	37.1
14時	37.2	36.6
15時	36.0	33.5
16時	35.0	32.3
17時	34.4	32.7
18時	32.9	31.8
19時	32.5	30.5
20時	32.1	30.9
21時	31.7	30.5
22時	31.2	30.6
23時	30.9	29.8
24時	30.5	30.0

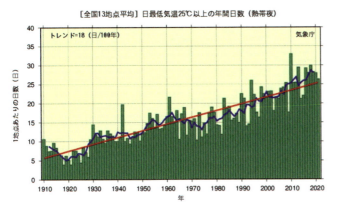

図21-3　全国の日最低気温25℃以上（熱帯夜）の日数の経年変化（1910～2021年）

知っておくべきお天気情報のツボ

図21-3は、都市化などの影響が少ない全国13地点の熱帯や日数の長期変化ですが、それでも100年あたり18日も増えています。熱中症では最高気温が注目されますが、夜間に気温が下がらない熱帯夜（超熱帯夜）は、睡眠不足による体力低下を引き起こします。睡眠不足は、注意散漫による事故や、熱中症などの病気にかかりやすくなりますので、節電が求められている夏であっても、しっかり睡眠をとる工夫が必要です。

22 「猛暑日」で収まらなくなって酷暑日

気象庁では、天気予報や気象情報、解説等で用いる「予報用語」に、新たに、最高気温が35℃以上の日を「猛暑日」と定義し、2007年（平成19年）4月より使い始めました。1日の最高気温が35℃以上の日が平成に入ると急増したため（東京などの大都市では20年前の約3倍の出現）、これを

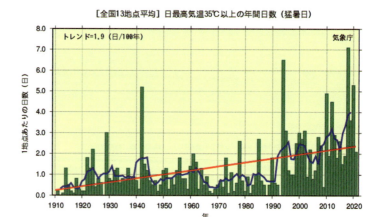

図22－1　全国の日最高気温が35℃以上（猛暑日）の日数の経年変化（1910～2021年）

特別な名前で呼ぶべきという意見が強まったからです（図22－1）。お天気キャスターの森田正光さんが酷暑日と呼びはじめるなど、いろいろな呼び方がされはじめていましたが、気象庁が「猛暑日」を定義した年の8月、ラニーニャ現象の影響で日本付近では下降気流が発生して勢力の強い太平洋高気圧が形成され、各地で記録的な暑さとなりました。8月16日に埼玉県熊谷と岐阜県多治見では40.9℃を観測し、昭和8年7月25日の山形市で観測した40.8℃を74年間ぶりに更新しました。また、西日本を中心に各地で35℃以上を観測したため、「猛暑日」という言葉がマスコミで連日取り上げられ、国民生活に定着しました。しかし、将来、さらに暑くなれば、発汗作用による冷却ができなくなって耐え難くなる37℃以上の日を特別な名前（例えば酷暑日）が必要になるかもしれません。

2007年（平成19年）8月16日の前後は、本州付近は地上から上空まで勢力の強い高気圧に覆われ、雲のない状態で、強い日差しにより各地で猛暑日を観測していました（図22－2）。日本最高気温の記録は、気象庁自らの観測であり、過去には1923年（大正12年）8月6日に徳島県撫養町（現鳴門市）の中央気象台委託観測所で42.5℃を観測するなど、40.8℃を超える観測例があります。

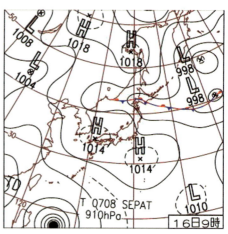

図22－2　地上天気図（2007年8月16日9時）

災害事例

2007年（平成19年）8月16日に40.9℃を観測した埼玉県熊谷と岐阜県多治見、40.8を観測した山形市は、ともに暑い空気が滞留しやすい盆地にあります。山形市と熊谷の場合はフェーン現象が、多治見の場合は高気圧の中心付近にあったことが関係しています（18参照）。

知っておくべきお天気情報のツボ

フェーン現象が起きているときは、風が強く空気が乾燥していますので、大火が起きやすくなります。また、気温が上昇して夏期では熱中症患者が急増します。夏期に日本海に台風や低気圧があるときの日本海側の地方では、山越えの風でフェーン現象が起き、猛暑となりやすいので警戒が必要です。

23 10年ごとに変わる「平年値」

平年値は、その時々の気象（気温、降水量、日照時間等）や天候（冷夏、暖冬、少雨、多雨等）を評価する基準として利用されるとともに、その地点の気候を表す値として用いられています。気象庁では、平年値として、西暦年の1の位が1の年から続く30年間の平均値をもって平年値とし、10年ごとに更新しています。そして、2021年（令和3年）から新平年値「2020平年値（1991～2020年の観測値による平年値）」に切り変わりました。

新平年値は旧平年値（2010平年値）と比べ、年平均気温は全国的に0.1～0.5℃程度高くなります。これは、平均値の計算で、気温が比較的低かった1980年代の観測値の代わりに、気温が比較的高い2010年代（平成22年から平成31年/令和元年）が入ってきたからです（図23-1）。また、降水量は夏の西日本や秋と冬の太平洋側の多くの地点で10％程度多くなり、降雪量は冬の気温上昇の影響などにより多くの地点で少なくなりました

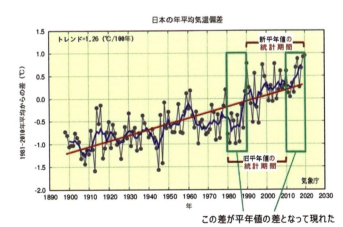

図23-1　日本の年平均気温の旧平年値（2010平年値）からの差の推移（1898～2020年）

（図23－2）。桜の開花の新平年値は旧平年値と比べ、東京で3月26日が3月24日になるなど、ほとんどの気象官署で1～2日早くなりました。また、台風の年間発生数の新平年値は、25.6個から25.1個へと若干減るものの、上陸数は2.7個から3.0個へ、接近数も11.4個から11.7個へと若干増えました。さらに、梅雨入り・梅雨明けの平年値については、ともに少し早まっている地方が多いのですが、沖縄・奄美地方の梅雨入りはともに遅くなりました。

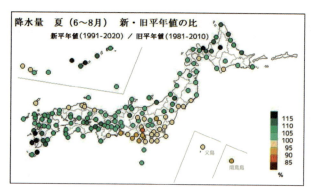

図23－2　夏の降水量についての新平年値（2020平年値）と旧平年値（2010平年値）の比較

知っておくべきお天気情報のツボ

平年値が変わることにより、同じ気温でも、「平年より高い」と表現していたものは「平年並み」に変わることがあります。平年値が変わってからしばらくは違和感があると思いますが、これが気候変動した結果としての現在の気候です。

24　北ほど、内陸ほど大きくなる気温の「年較差と日較差」

　一定の場所で、一年間に観測された最低気温と最高気温の差を年較差（ねんこうさ）といいます。統計的には、最暖月と最低月の月平均気温の差をいう場合をいうことが多いのですが、高緯度から低緯度にゆくほど、内陸部から海岸にゆくほど年較差は小さくなります。高緯度にある北海道は、札幌などの沿岸部では25℃位の年較差ですが、旭川などの内陸部では30℃位になります。これに対し、低緯度の沖縄は12℃位です（**図24－1**）。なお、ロシアのレナ川に沿ったシベリア内陸都市のヤクーツクでは、1981年（昭和56年）2月には－64.4℃、2011年（平成23年）7月には38.4℃を観測していますので、これまでに

図24－1　日本の気温の年較差

地点	最暖月 月	温度	最寒月 月	温度	年較差
札幌	8	22.3	1	-3.6	25.9
旭川	8	21.1	1	-7.5	28.6
仙台	8	24.2	1	1.6	22.6
山形	8	24.9	1	-0.4	25.3
東京	8	27.4	1	6.1	21.3
八丈島	8	26.3	1	10.1	16.2
新潟	8	26.6	1	2.8	23.8
長野	8	25.2	1	-0.6	25.8
富士山	8	6.2	1	-18.4	25.8
大阪	8	28.8	1	6.0	22.8
室戸岬	8	26.1	1	7.5	18.6
鹿児島	8	28.5	1	8.5	20.0
名瀬	7	28.7	1	14.8	13.9
那覇	7	28.9	1	17.0	11.9

観測された最高気温と最低気温でみるとその差は102.8℃です。これには及びませんが、北海道の内陸部では、旭川で77℃（最高気温が1989年（昭和64年）8月7日36.0℃、最低気温が1902年（明治35年）1月25日の－41.0℃）など、その差が70℃以上となっています。

一定の場所における1日の最高気温と最低気温の差が日較差（にちこうさ）です。日々の天候の条件によって変わりますが、平均すると、気温の日較差も大きい場所は、気温の年較差の大きな場所でもあります。日較差は植物の生育にも大きな影響を与え、新潟県魚沼地方など日較差の大きい山間部ではコメなどがおいしくできます。これは、気温の高い昼間は光合成を盛んに行ってデンプンを蓄え、気温の低い夜間は活動が不活発になって昼間蓄えたデンプンをあまり消費しないからと言われています。

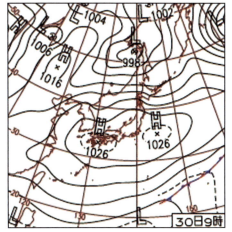
図24-2　平成21年4月30日の地上天気図

同じ日に夏日と冬日

日本で気温の日較差が大きくなるのは、北日本の内陸部で、真冬の放射冷却で極端に温度が低くなった日中に日差しが出て暖まる場合や、上空に寒気が入っている春や秋にフェーン現象が起きたときです。例えば、2009年（平成21年）4月30日には、北海道東部の内陸部にある釧路市阿寒町中徹別では、13時20分にフェーン現象によって最高気温が27.3℃まで上昇して夏日となり、この日、全国一位の高温となりました（**図24-2**）。数日前から日本上空に寒気が入っており、最低気温は2時40分に観測した－2.4℃となって冬日で、日較差は29.7℃でした。また、2007年（平成19年）2月5日に長野県菅平では、放射冷却で明け方の気温が著しく下がって－20.3℃、日中は日差しが出て11.2℃まで上がり、日較差は31.5℃にもなりました。

日本は中緯度の海に囲まれた国ですので、気温の年較差や日較差が大きい地方といっても限度があります。諸外国ではもっと大きい場所があります。

25 「夜のはじめ頃」と未明 （時間を表現する用語）

気象庁では、防災に係る用語について一般利用者の目線に立った明確さ、平易さ、聞取りやすさのため、天気予報や気象情報、解説等で用いる「予報用語」を定めています。このうち、時間帯に関する用語は、2007年（平成19年）4月から①00時～03時：「午前3時

頃まで」を「未明」に、②06時〜09時：「朝のうち」を「朝」に、③18時〜21時：「宵のうち」を「夜のはじめ頃」に変更しました。
「宵のうち」をやめることについては、情緒がなくなるなどの意見がでましたが、日本語学の金田一瑞穂杏林大学教授は、「宵はお酒を飲むイメージもまとわりつくので、なるべく色やにおいのついていない中立の言葉がいいと思うのはわかる」と述べています**（図25－1）**。

キリスト教やイスラム教など月を神聖のものと考える人は、夜がきたのをもって新しい日の始まりと考えていました。キリストが生まれたとされる12月25日の一日は、今でいう12月24日のイブニングから25日の日暮れまでで、クリスマスイブが盛大な理由とも言われています。一方、インドや日本など太陽を神聖なものと考える人は、太陽が昇るのをもって新しい日の始まりと考えていました。御来光は、元日の到来を告げながら昇る太陽を拝むことでした。これに対し、古代ローマは、多くの人が納得できる日没と日の出の中間をもって、一日の始まりと考えていました。そして、夜を4つに分け、「一日も遅くなってから」、「真夜中」、「おんどりの鳴くころ」「朝早く」と名付けていました。

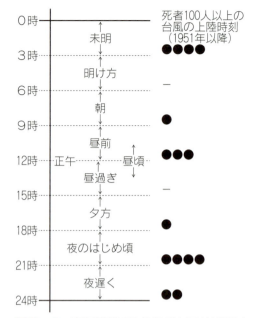

図25－1　天気予報で使う時刻と死者が100人以上の台風の上陸時刻

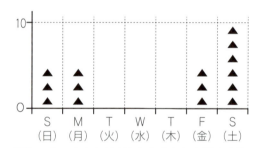

図25－2　大きな被害をもたらした台風の上陸した曜日と上陸時刻（▲：死者・行方不明100人以上の台風）

「夜遅く」がすぎ、日付が変わって「未明」となると、ほとんどの人が活動を停止しますので、この時間に顕著現象が起きると大災害の可能性があります。例えば、1951年（昭和26年）以降、100人以上が死亡するという大災害の台風が15個ありますが、台風が上陸した時間でみると一番多いのが「未明」と「夜のはじめ頃」の4個で、夜が圧倒的に多くなっています。また、この15個の台風が上陸した曜日は、すべて金曜〜月曜です**（図25－2）**。台風が曜日を選んでいるわけではありませんが、土日はレジャーなどで、台風への関心がうすれがちになることや、防災機関などの機能が十分発揮できないことが重なり、死者数増加の傾向があるからです。

災害事例

1951年（昭和26年）以降、死者・行方不明者が100人以上という大惨事をもたらした台風は15個あり、最後の死者100人以上の台風は、2019年（令和元年）の台風19号です。東日本台風と名付けられたこの台風は、10月12日(土)19時前に静岡県伊豆半島に上陸し、甚大な被害をもたらしました。このため、1979年（昭和54年）台風20号以来、40年ぶりに死者100人を越えた台風となりました（死者105人、行方不明者３人）。

知っておくべきお天気情報のツボ

防災対応が必要な時間帯が「未明」となった場合は、大きな災害に結びつきやすいので、この頃に大雨が予想された場合は、最大級の警戒が必要です。台風に不意打ちはありませんので、人的被害は減らすことができます。少なくとも、金曜〜月曜に上陸する台風は、火曜〜木曜に上陸する台風なみに、夜間上陸する台風は、昼間上陸する台風並みには減らすことはできます。

26 「猛烈な雨」と「非常に激しい雨」の違い（雨の強さを表現する用語）

気象庁では、予報用語として使う雨の強さについて、2000年（平成12年）8月から、**図26－1**の定義を使っています。近年発生した被害の実例から作成したもので、表現など実用に合わなくなった場合には内容を変更することになっています。雨の強さを決めた翌月の11日、本州付近に停滞していた前線に向かって台風14号の東側を回る暖湿気流が流れ込み、東海地方を中心とした記録的な大

図26－1 雨の強さと降り方

1時間雨量（mm）	予報用語	人の受けるイメージ	屋外の様子	災害発生状況
10以上〜20未満	やや強い雨	ザーザーと降る	地面一面に水たまりができる	この程度の雨でも長く続く時は注意が必要
20以上〜30未満	強い雨	どしゃ降り		側溝や下水、小さな川があふれ、小規模の崖崩れが始まる。
30以上〜50未満	激しい雨	バケツをひっくり返したように降る	道路が川のようになる	山崩れ・崖崩れが起きやすくなり危険地帯では避難の準備が必要。都市では下水管から雨水があふれる
50以上〜80未満	非常に激しい雨	滝のように降る（ゴーゴーと降り続く）	水しぶきであたり一面が白っぽくなり、視界が悪くなる	都市部では地下室や地下街に雨水が流れ込む場合がある。マンホールから水が噴出する。土石流が起りやすい。多くの災害が発生する。
80以上〜	猛烈な雨	息苦しくなるような圧迫感がある。恐怖を感ずる		雨による大規模な災害の発生するおそれが強く、厳重な警戒が必要

雨（東海豪雨）が発生し、19時までの1時間に愛知県東海市で114mm、名古屋市千種区で93mmの「猛烈な雨」を観測しています。アメダスによる「猛烈な雨」の観測回数は、1999年（平成11年）から2020年（令和2年）までの年平均で、観測1,000地点当たり17.0回と24年前の10.7回に比べ、6割も増えており、地球温暖化との関係がとりざたされています。気象庁では、「強い雨」や「激しい雨」以上の雨が降ると予想される時は、大雨注意報や大雨警報を発表して注意や警戒を呼びかけていますが、「猛烈な雨」を観測した場合には、「記録的短時間大雨情報」を発表することがあります（注意報や警報、情報の規準は地域によって異なります。図26－2）。

図26－2　大分県中津市における大雨警報等の発表規準

大雨警報（浸水害）	平坦地	1時間50mm以上
	平坦地以外	1時間70mm以上
大雨警報（土砂災害）	土壌雨量指数	120以上
記録的短時間大雨情報		1時間110mm以上

知っておくべきお天気情報のツボ

「非常に激しい雨」や「猛烈な雨」のときは厳重な警戒が必要なことは言うまでもありませんが、「やや強い雨」であっても、長く続くときは、地面が多くの水分を含んで土砂災害が発生しやすくなっていますので、警戒が必要です。

27　竜巻とダウンバーストの「藤田スケール」

突風は急激に吹く強い風で、その代表は竜巻とダウンバーストです。竜巻は、積乱雲に伴って発生する激しい渦巻きで、しばしば、ロート状の雲を伴っています。中心では気圧が低く、地面近くでは風が吹き込みますので、竜巻通過後は、通り道に倒壊物が集まります（図27－1）。一方、ダウンバーストは積乱雲から発生する冷えて重くなった空気による強い下降気流が地面

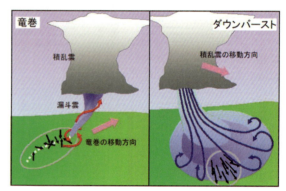

図27－1　竜巻とダウンバーストの説明図（気象庁資料による）

にぶつかって周囲に吹き出したものです。移動方向の吹き出しが強くなる傾向があり、倒壊物の方向が一方向か扇型になります。

竜巻とダウンバーストは、日本では年に18個くらい発生します。10月が一番多く、次いで9月と夏期に多いのですが、冬期にも発生します（図27－2）。また、昼間の発生が多いといっても夜間にも発生し、発生しないと言い切れる地方もありません。これは、下層

に強い暖気が入るか、上層に強い寒気が入る時に発生するといっても、そのような気象条件が、台風や寒冷前線など多種にわたっているからです。

　竜巻やダウンバーストの風速を建物の被害調査から推定するために考えられた尺度が藤田スケール（F）です。ミスタートルネードと呼ばれ、米映画「ツイスター」のモデルとも言われるシカゴ大学の藤田哲也博士によって

図27－2　竜巻とダウンバーストの月別発生確認数

1971年（昭和46年）にアメリカで考案されたものです。ここでの風は、ある地点を吹き抜けた風が4分の1マイル（約400m）先に行くまでの時間の平均風速ですので、階級ごとに風速の平均をとる時間が異なります。秒速40mの風は約10秒間の平均風速、秒速80mの風は約5秒間の平均風速です。平均風速といっても、Fスケールの階級が大きくなれば、瞬間風速とほぼ同じになります。

　気象庁では、2016年（平成28年）4月より、竜巻など突風の風速の強さを割りだすための指標として、これまでの「藤田スケール（F）」から、「日本版改良藤田スケール（JEF）」に変更しました**（図27－3）**。これは、日本の住宅に合うように作られた日本独自のもので、より正確に推定できるものです。「藤田スケール（F）」は9種類のアメリカの建築物等の被害をもとに作られていますが、「日本版改良藤田スケール（JEF）」では、日本の住宅事情にあった、墓石や自動販売機、電柱といった30項目の被害をもとに作られています。また、日本版改良藤田スケールの階級区分については、藤田スケールと同じく6階級で、同じ突風被害に対する藤田スケールと日本版改良藤田スケールの階級は、基本的には同じになるよう設定されています。過去の竜巻等の突風との比較は可能で、過去の竜巻資料はそのまま生かせます。

図27－3　竜巻の藤田スケール（F）と日本版改良藤田スケール（JEF）の区分

	藤田スケール（F）		日本版改良藤田スケール（JEF）	
	風速	平均時間	風速	平均時間
F0	17～32m/s	約15秒間の平均	25～38m/s	3秒間の平均（＝瞬間風速の平均時間）
F1	33～49m/s	約10秒間の平均	39～52m/s	
F2	50～69m/s	約7秒間の平均	53～66m/s	
F3	70～92m/s	約5秒間の平均	67～80m/s	
F4	93～116m/s	約4秒間の平均	81～94m/s	
F5	117～142m/s	約3秒間の平均	95m/s～	

図27－4　佐呂間町の竜巻時の気象衛星（2006年11月7日4時）

災害事例

　日本で観測された竜巻では、1990年（平成2年）年12月11日に千葉県茂原市、2006年（平成18年）11月7日に北海道佐呂間町で発生した竜巻などのＦ3が最強でした。Ｆ3クラスの竜巻は10年に1度、Ｆ2クラスの竜巻は2年に1回くらいの発生です。11月7日13時23分に佐呂間町で発生した竜巻により、工事用の小屋がとばされるなどで、死者9人、重軽傷者31人、全半壊14棟などの被害が発生しました。寒冷前線に伴う雲（発達した積乱雲でゴツゴツした雲）が北海道中部を通って三陸沿岸に伸びています**（図27－4）**。東側には南からの暖気移流を示す雲のない領域、日本海には強い寒気示す雲の渦がみられ、暖気と寒気で大気が非常に不安定となり、佐呂間町でＦ3の竜巻が発生しました（被害域は幅100～300m、長さは1,400m）。

ここが▶ポイント 気象庁では突風について半日～1日程度前には気象情報、数時間前には雷注意報で「竜巻」と明記して注意を呼びかけ、直前には「竜巻注意情報」を発表します。激しい突風は、発現時間が短く発現場所も極めて狭い範囲に限られますので、竜巻注意情報が発表されたから、まず周囲の空の状況に注意し、急に暗くなる、大粒の雨が降り出す、雷が発生など、積乱雲が近づく兆候があったら、すぐに頑丈な建物に避難するなど身の安全を図ることが大事です。

知っておくべきお天気情報のツボ

これまで日本で観測された竜巻はJEF3が最強となりますが、過去にＦ2やＦ1の竜巻でも死者がでていますので、竜巻は常に警戒が必要です。

28 ベトナム戦争から始まった「ゲリラ豪雨」

　ゲリラ豪雨とは局地的な大雨のことで、限られた地域に対して短時間に集中的に降ります。気象学的な定義はありませんが、言葉の起源は、ベトナム戦争にあります。ベトナム戦争は、1965年（昭和40年）に米軍の本格的な介入によって南ベトナム軍が有利とみられていましたが、対する南ベトナム解放民族戦線と北ベトナム軍はゲリラ戦（あらかじめ攻撃する敵を定めないで小規模部隊での奇襲や待ち伏せ攻撃）で戦い、1968年（昭和43年）1月のテト攻勢では、米軍放送局を占拠して「ゲリラ」という言葉が広まりました。1969年（昭和44年）の夏は、東北から北陸・信越・岐阜で局地的大雨が降り、現状把握が難しいことから、新聞などでゲリラ豪雨という言葉が使われはじめました。しかし、米軍が撤退し、1975年（昭和50年）4月にベトナム戦争が集結して統一ベトナムが誕生するととも

に、ゲリラ豪雨という言葉も
使われなくなりました。しか
し、2008年（平成20年）夏は
記録的な局地的豪雨が各地で
相次いだため、再びゲリラ豪
雨という言葉が使われるよう
になりました。個々のゲリラ
豪雨を地球温暖化と結びつけ
ることはできませんが、1時
間に80mm以上という短時間強
雨は過去30年で増えており、

図28－1　1時間降水量80mm以上の発生回数（1000地点あたり、太線は5年移動平均、直線は長期変化傾向）

今後の研究で地球温暖化の影響ならばゲリラ豪雨は増えることになります（図28－1）。

アメダスやひまわりの登場前の昭和40年代（1965年～1974年）とは違い、現状把握については素早く正確にでき、数値予報技術が向上して発生地域や時間帯については予報できます。ただし、領域に絞り込み、いつ、どこで、どの程度の雨が降るかを予想することは現在でも難しい技術です。

29　土砂災害警戒情報の対象外の土砂災害「深層崩壊」・地すべり

　土砂災害は、災害の形態によって、山崩れ・崖崩れ・地すべり・土石流などに分けられますが、崩壊の形態によって、表層崩壊と深層崩壊に分けることがあります。厚さ0.5～2.0m程度の表層土が、表層土と基盤の境界に沿って滑落する比較的規模の小さな崩壊が表層崩壊、深層の地盤までもが崩壊土塊となる比較的規模の大きな崩壊が深層崩壊です（図29－1）。気象庁と都道府県などが共同で発表している土砂災害警戒情報は、強い雨に起因する土石流や集中的に発生するがけ崩れを対象としていますので、対象のほとんどは表層崩壊です。深層崩壊は、極端な降雨、融雪、地震などが原因として発生し、まれにしか起きません

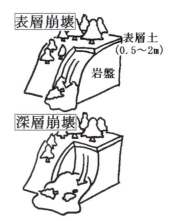

図29－1　表層崩壊と深層崩壊

が、いったん起きると大災害に結びつく可能性があります。例えば、台湾の高雄県小林村では2009年（平成21年）8月9日に台風8号による大雨によって450人が、中国甘粛省チベット自治州では2010年（平成22年）8月8日に前線による大雨で1,000人以上（詳細不詳）が深層崩壊で亡くなっています。

⚠ 災害事例

　2010年（平成22年）10月20日は、日本の南海上の秋雨前線に向かって、南シナ海北部にある台風13号の周囲をまわる暖かくて湿った空気が流入し、大気の状態が不安定となって奄美大島付近で比較的規模の小さく、ほぼ東西へ延びる細長い雲が次々に北上しました（図29－2）。鹿児島県奄美市の人瀬測候所では、明治29年（1896年）の観測開始以来という日雨量622.0mmを観測しています。また、奄美市の住用支所では1時間雨量130mm以上が2時間続いていますが、このときに、人瀬では10mm以下と降り方に差がありますが、日雨量はともに600mm以上です（図29－3）。広葉樹林で覆われ、保水力が大きな奄美大島では、日頃から雨量が多くても土砂災害が少ない地方の一つでしたが、桁違いの雨量によって深層崩壊が発生し、死者3人や家屋の浸水や多数の土砂災害が発生しました。

 深層崩壊は、地下水圧の上昇によって発生するので、大雨のあと、ときには数日後に発生することもあります。極端な大雨が降ったあとは、雨がやんでも、しばらくは油断ができません。

知っておくべきお天気情報のツボ

　国土交通省砂防部では、今後の地域レベル、小流域レベルの調査実施に生かすことを目的として、深層崩壊推定頻度マップを2010年（平成22年）8月から発表していますが、日頃から深層崩壊についての理解を深めておくことが必要です。

図29－3　名瀬と住用の雨量

10月20日	名瀬	住用
…	…	…
11時	15.0	93
12時	4.5	130
13時	9.0	131
14時	30.0	75
15時	40.5	85
16時	50.5	46
17時	69.5	3
…	…	…
日雨量	622.0	691

図29－2　平成22年10月20日12時の気象衛星の可視画像
　　　　（右上が種子島、左下が沖縄本島）

30 明治時代から始まった「塩風害」

　海上から陸上に吹き込む強風によって運ばれた多量の塩分粒子は、植物に付着し葉を枯らし、樹木を枯死させるほか、送電線などの電気設備に付着し、停電が発生します。これが塩風害（塩害）と呼ばれる災害です。大規模な塩風害は、主として台風によって発生します。台風の風速が強まれば強まるほど、海上と海岸線で発生するしぶきの量が多くなって海塩粒子が多量にでき、できた海塩粒子が海岸から離れた所まで運ばれます。塩風害は、一般に風が強い時ほど発生しやすいといえますが、雨による洗浄の程度も大きく影響します。例えば、海からの強風が止んだあと、ある程度の雨が降ると、付着した塩分粒子がかなり洗い流されて塩風害が発生しにくくなります。

　台風による塩風害が記載されている古文書は少なく、一番古いものは「瑠璃山年録残篇」です。天正11年8月14日（1356年9月17日）に「塩風吹」とだけの記載ですが、同じ日に近畿や東海道の諸国で大風雨が起こっているという他の古文書がありますので、台風が通過して瑠璃山付近（静岡県の海岸から約20kmの場所と推定）で塩風害があったと思われます。

　塩風害が社会問題となり、注目されるようになったのは、生糸の大量生産などのために桑などの塩風に弱い植物を海岸部でも植えるようになったり、数多くの電力施設が海岸部で作られた明治時代後期になってからです。

災害事例

　1897年（明治30年）9月8～9日の台風は、九州の南海上から速い速度で北東進して静岡県に上陸した台風です**（図30－1）**。静岡県では、富国強兵のために各地で植えられていた桑が塩風で大きな被害を受けています。東京では、文明開化によってできた電気設備の被害という、新しい災害が注目されています。

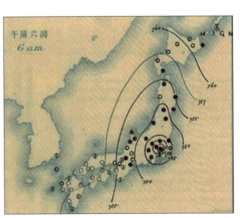

図30－1　明治30年9月9日6時の地上天気図

　戦後、多くの人が住む沿岸部で、多くの電気設備が作られると、塩風害による被害も拡大します。塩風害の調査・研究およびその対策が、飛躍的に進んだきっかけは、1961年（昭和36年）9月の第二室戸台風によって引き起こされた大規模な塩風害です**（図30－2）**。近畿地方に暴風や高潮などで大災害をもたらした第二室戸台風ですが、雨の少なかった九州や東海、関東地方南部等では、電気施設の塩風害事故が広範囲に起こりました。

ここが
ポイント 第二室戸台風以降、塩風害対策が進んだといっても、ときどき塩風害が発生しています。例えば、1991年（平成3年）の台風19号で、強風による送電線の切断や塩風害などで、停電率は全国で13%、九州と中国では50%にも達しました。塩風害対策が進んでいなかった海岸から50km付近まで塩分粒子が運ばれ、その後の雨が少なかったからです。

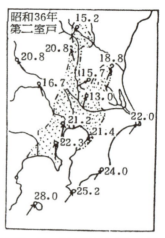

図30-2　第二室戸台風による塩風害の被害範囲（数字は最大風速）

知っておくべきお天気情報のツボ

電化が著しく進んだ現代社会では、停電が発生すれば生活は大きな影響を受けます。高層住宅に住んでいる人は、停電が断水につながるため、特に深刻となります。

31　台風と低気圧の中間の「亜熱帯低気圧」

　低気圧は大別すると、熱帯で発生する熱帯低気圧（最大風速が17.2m/s以上になると台風）と、温帯で発生する温帯低気圧（単に低気圧と呼ぶことが多い）の2種類があります。しかし、低気圧の中には、小数派ですが、熱帯低気圧と温帯低気圧の中間の性質を持つものがいくつかあります。その一つが亜熱帯低気圧です。

　一般的に、熱帯低気圧は、雲の塊の中心で渦を巻いていますが、「亜熱帯低気圧」は、雲の塊は渦の中心からみて北側または東側にかたよっています。また、熱帯低気圧は27度以上の暖かい海面水温のところで発生する傾向がありますが、「亜熱帯低気圧」は23度以上の海面水温のところで発生する傾向があるという差もあります。しかし、暴風を伴ない、大雨をもたらすことがあるという点では熱帯低気圧と一緒です。「亜熱帯低気圧」については、これまで、温帯低気圧か台風（熱帯低気圧）として扱われため、発生数などの統計はないのですが、ごくまれな現象ではなさそうです。

図31-1　天気予報や解説では用いないことから削除した用語の一部
（平成19年（2007年）3月29日の「気象庁予報用語の改正について」より）

用語名	亜熱帯低気圧
説明	下層では熱帯低気圧に類似した性質を持つが、上層で寒気を伴なう点で、熱帯低気圧と温帯低気圧の両方の性質を持つ低気圧。上層まで中心付近に暖気を伴なう熱帯低気圧よりも広い範囲で強風が吹く特徴がある。
改正理由	アメリカで熱帯低気圧と区別して警報を発表するようになった。しかし、予報用語で使うには一般に馴染んでいないため。

気象庁では、「亜熱帯低気圧」という用語を天気予報や解説では用いないものの、専門家向けの気象指示報や予報解説資料などで使用する用語にしています。気象庁が2007年（平成19年）3月29日に、「気象庁予報用語の改正について」という記者発表を行っていますが、この中に「亜熱帯低気圧」の記述があります**（図31－1）**。

災害事例

　非常に強い台風21号が関東の東海上を北上していた2019年（令和元年）10月25日、東シナ海で発生した低気圧が、関東地方を通過しました**（図31－2）**。このときの低気圧の雲は、熱帯低気圧の雲のように丸く渦を巻き、亜熱帯低気圧の性格を持っていました。熱帯低気圧のように、多量の水蒸気を持ち、最初から大雨を降らせる可能があったのですが、加えて、関東の東海上を北上中の台風21号からの強い東風が雨を強化させました**（図31－3）**。千葉県の千葉市付近と八街市付近では、10月25日の13時30分までの1時間に約100㎜の猛烈な雨が降りました。そして、強い風も吹きましたが、日本の東海上を北上中の台風21号の直接的な影響ではありません。千葉県では猛烈な雨により、千葉県南部から北上して市原市で東京湾に流れている養老川が氾濫するなど、河川の氾濫や土砂崩れが相次ぎ、大きな被害が発生しています。千葉県では道路の冠水や交通網の寸断で帰れなくなる児童や生徒が相次ぎ、学校で一夜を明かした生徒が数多くでています。

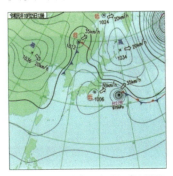

図31－2　地上天気図（10月25日12時）

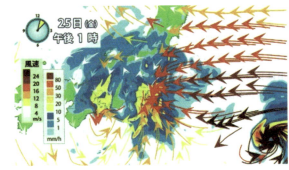

図31－3　台風21号の雲（右）と低気圧の雲（左）（10月25日12時）

低気圧は大別して熱帯低気圧と温帯低気圧に分けられますが、まれにはこの中間の性質を持つ低気圧が出現する時があります。気象情報では、そのことを明示してありませんが、内容には反映させていますので、中身をよく読むことが大切です。

知っておくべきお天気情報のツボ

気象庁では記者会見をし、低気圧の接近による大雨に警戒を呼び掛けています。台風のときは、適宜記者会見が行われますが、2019年（令和元年）10月25日に行われた低気圧での記者会見は珍しいことです。

32 動きも変化も遅い「寒冷渦」

　地上天気図で低気圧がはっきりしていなくても、高層天気図においては寒気を伴う顕著な渦があり、気象衛星では雲が渦をまいているように見えるときがあります。これが寒冷渦で、しばしば天気予報で使われる「上空に寒気を伴った低気圧」のことです。寒冷低気圧、または、切離低気圧と呼ばれることもあります。寒冷渦では、上空に寒気が入り込むため、大気が不安定となります。この際、下層が日射によって強く加熱されたり、下層に湿った暖気が流入していると、一層大気は不安定になり積乱雲が発達して短時間強雨（雪）や雷、降ひょう、突風などの激しい現象をもたらすことがあります。一般的には、寒冷渦の南東側では、下層に暖気が入りやすいので、この傾向が顕著です。寒冷渦は上空の強い流れ（偏西風）が大きく蛇行し、切り離された場所にできますので、寒冷渦を動かす上空の風が弱く、動きが遅いという特徴があります。寒冷渦が日本を通過するのに2～3日ほどかかりますので、昔から言われている「雷三日」には意味があったわけです。

⚠ 災害事例

　2008年（平成20年）8月29日には西日本から関東の広い範囲で大気不安定による大雨となり、各地でひょうによる大きな被害が発生しています。水分を多く含んでいる熱帯地方の雲から降るひょうの中は尖っているものがありますが、長野県下伊那郡では「角が鋭利に尖ったひょう」が降っています。このときは上空の寒気に加え、下層には熱帯なみの暖気が入っていたということもできます。

　2008年（平成20年）8月29日12時の気象衛星によると、日本海に寒冷渦に対応する雲の渦巻きがあり、ゆっくり東に進んでいます（図32-1）。これに対応する低気圧は、地表付近の天気図では小さくて明瞭には描かれませんが、5kmくらい上空の高層天気図では、寒気を伴う非常な顕著な低気圧として描かれます（図32-2）。

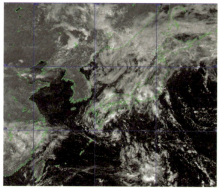

図32-1　気象衛星ひまわり（平成20年8月29日9時の可視画像）

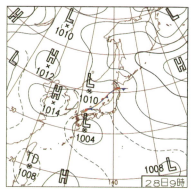

図32-2　地上天気図（平成20年8月28日9時の可視画像）

知っておくべきお天気情報のツボ

寒冷渦の動きは非常に遅いので、大気の状態不安定で雷や突風、短時間強雨が降りやすい状態が続きます。寒冷渦が通過するまでは油断ができません。

33 肺の奥まで届く「PM2.5」

　気象庁が1959年（昭和34年）にコンピュータを用いて行う数値予報を開始してから50年以上経過し、数値予報の精度が上がって大気汚染など天気予報以外の分野でも使われています。数値予報に大気汚染物質の分布と、その物質の大気中での変化を示す物理方程式を組み込んだ大気汚染気象予測モデルは、その物質がどのように広がり、どう変化するのかなどの情報を与えてくれます。ただ、正確な排出量や排出時刻など汚染源の情報が入手できないと精度が悪くなるという弱点があります。

　大気中の微粒子について、最近「PM2.5」ということがよく言われます。大気中に漂う粒子のうち、粒径2.5μm以下の小さなものをいい、物質の種類は関係ありません。微小粒子状物質とも呼びます（**図33－1**）。この微小粒子の多くは人為起源で、ディーゼルエンジンや工場等での化石燃料の燃焼で生じる粉塵、工場や自動車などから排出される二酸化イオウが大気中で吸着

図33－1　PM2.5の直径からみた髪の毛の太さと黄砂の直径（東京都ホームページより）

して硫酸塩エアロゾルとなったものなどがあります。世界の多くの国では、大気汚染の指標としてPM10（粒径10μm以下の小さなもの）が採用されていますが、研究が進み、より小さなPM2.5は、吸い込めば肺の奥や血管まで入り、肺炎や喘息などを引き起こすとして問題視されたことから、1998年（平成10年）頃からPM2.5も大気汚染の指標として使われています。

⚠ 災害事例

　中国では冬季に大気汚染が悪化する傾向があり、2013年（平成25年）1月10日頃から始まった激しい汚染は、風が弱かったために3週間も継続し、高濃度の粒子状物質のため、呼吸器疾患患者が増加したほか、道路・空港の閉鎖などの影響が生じ、日本人学校など国際学校は屋外の体育授業を取りやめました。特に1月29～30日は中国気象局が「歴史上まれにしか見られないほど」と表現するほどで、北京市政府は100社以上の工場を操業停止

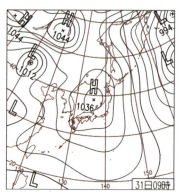
図33-2　平成25年1月31日9時の地上天気図

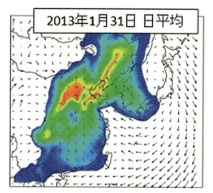
図33-3　平成25年1月31日のPM2.5の分布（国立環境研究所記者発表資料より）

とするなどしましたが、汚染は韓国や日本へも広がり、越境汚染となりました。1月31日の日本列島は大きな移動性高気圧に覆われ、晴れていましたが（図33-2）、高気圧は下降流の場ですので、上空の偏西風によって中国から日本上空にやってきたPM2.5などが地上付近に落ち、地上でのPM2.5の観測値を大きくしました（図33-3）。

知っておくべきお天気情報のツボ

中国・モンゴルの砂漠乾燥地帯の表層土壌が、偏西風に乗って3〜5月にかけて日本にもやってくるのが黄砂ですが、黄砂にPM2.5が付着してくると考える人もいます。日本での影響はわからないことが多いのですが、各種機関から発表される大気汚染に関する情報をうけ、不急の外出を避け、情報がでているときにはマスク着用など、早めに冷静な対応が必要です。

34　大正から昭和の黒潮観測でわかった「黒潮大蛇行」

　暖かい海の水の流れである黒潮は、幅が100kmもあり、透明度が高いために深いところまで見えることから、青黒く見えます。これが黒潮という名前の由来です。黒潮は、世界有数の強い海の流れで、早いところでは時速9kmもあります。黒潮により毎秒2,000万トンから5,000万トンという多量の暖かい水が南から北へ流れることにより、多量の熱が日本付近に運ばれ、日本は温暖な気候になっています。黒潮は、非蛇行期間（接岸）、非蛇行期間（離岸）、大蛇行期間という3つの流れ方があります（図34-1）。そして、非蛇行期間（接岸・離岸）と大蛇行期間を定期的に繰り返しています。黒潮の大蛇行が最初に発見されたのは1933年（昭和8年）ですが、蛇行の詳細にわかるようになったのは、1975年

（昭和50年）8月の大蛇行からです。大蛇行の原因は解明されたわけではありませんが、大蛇行が頻繁に発生する年代と、あまり発生しない年代があります。そして、発生すると1年以上続いています**（図34－2、図34－3）**。黒潮大蛇行で起きると、黒潮に乗って日本近海にやってくるいわしやかつおなど、大型の回遊魚が沿岸から遠く離れてしまうため、例年の漁場ではとれなくなる、あるいは、遠くなった漁場に向かうには時間と漁船の燃料がかかります。黒潮の大蛇行が起きると、黒潮の一部が分離して、関東から東海の沿岸を東から西へ流れ込むようになって東海沖で渦をまきます。黒潮は栄養分が少ない海（プランクトンが少ない海）であるため、沿岸の小魚が住みにくくなります。このため、黒潮大蛇行がおきると、ほとんどの漁業は大打撃となり、魚の価格上昇が家計を襲います。この黒潮蛇行が、2017年（平成29年）8月から始まりました。

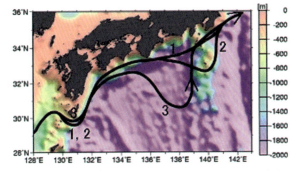

図34－1 黒潮の典型的流路（1：非大蛇行接岸流路、2：非大蛇行離岸流路、3：大蛇行流路、気象庁ホームページより）

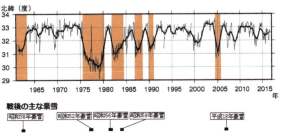

図34－2 過去の黒潮大蛇行と東海沖の黒潮の緯度（気象庁ホームページに代表的な豪雪期間を加筆）

図34－3 過去の黒潮大蛇行

	黒潮大蛇行	期間
1	1933〜1943年	約10年
2	1953〜1956年	約3年
3	1959〜1963年	約4年
4	1975年8月〜1980年3月	4年8ヶ月
5	1981年11月〜1984年5月	2年7ヶ月
6	1986年12月〜1988年7月	1年8ヶ月
7	1989年12月〜1990年12月	1年1ヶ月
8	2004年7月〜2005年8月	1年2ヶ月
9	2017年8月〜	?

災害事例

　黒潮大蛇行に伴って関東から東海沖で発生する渦は、低気圧が中心部で気圧が低く周囲で気圧が高くなるように、中心部で海面が低く、周辺で海面が高くなります。低気圧が中心部で上昇量があるように、海の渦の中心部には下層から上層に向かって海水が動いています。海は、下層ほど温度が低いので、冷たい水が上がってきて冷水塊となります。関東地方のまとまった雪は、本州の南岸を通る、いわゆる南岸低気圧によって降りますが、近海に周辺より水温が低い冷水塊があると南岸低気圧の進路が少し南を通り、暖気があまり北上しません。「大蛇行の年は雪日数が増える」という調査があります。

> **知っておくべきお天気情報のツボ**
>
> 過去の豪雪は、ほとんどが黒潮大蛇行と重なります（**図34－2下段**）。解明されてはいませんが、大蛇行時には、黒潮だけでなく、地球の海洋全体、地球の大気全体も通常とは違っている可能性があります。

35 小さな現象でも条件が重なると大きな現象になる「あびき（副振動）」

　小さなことでも、そのタイミングがそろうと大きな現象を引き起こします。その一つが「あびき（副振動）」です。東シナ海は大陸棚が続き、ここでの波の伝播速度は時速80〜140kmです。低気圧の速度が、波の伝播速度に近いと、伝播の途上で同じ気圧変動の作用を受け続け、小さな波が次第に振幅を増し、これに湾などの増幅効果が加わって大きな副震動となります。低気圧の速度が波の伝播速度と違う場合は、いつも同じ作用を受けませんので、小さな波は振幅を増しません。

　また、湾にはその形によって決まる固有振動があり、それと同じ周期の波が入ると共鳴し、大きな潮位変化となって湾内の諸施設や係留している船に大きな被害をもたらします。特に、長崎湾では振幅の大きな副振動が発生し、網を引くほどの強い流れということから「あびき」と呼ばれ恐れられてきました。長崎湾の固有振動は約35分ですので、35分周期の波が入ってくると、特に大きく共鳴して大きな「あびき」となります。「あびき」は、冬から春、特に３月に多く発生していますが、いつ、どこで、どの程度の「あびき」が発生するかを予測することは困難で、メカニズムも十分確認されていないのですが、気象台では、その兆候が現れたら直ちに潮位情報や高潮注意報などで注意を呼びかけています（**図35－1**）。

　【災害事例】1979年（昭和54年）３月31日は、東シナ海西部で発生し

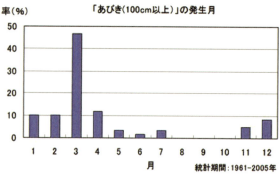

図35－1　あびき（100cm以上）の発生月

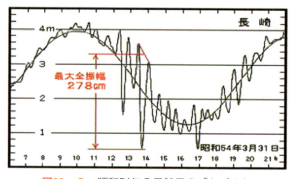

図35－2　昭和54年３月31日の「あびき」

た低気圧は、やや発達をしながら本州南岸を時速75㎞という速い速度で東進し、三陸沖に達しています。このとき、観測史上最大の「あびき」が長崎湾で観測されています。35分周期で２m78㎝も潮位が変化し、係留漁船が漂流して橋に激突して大破したり、湾内の造船所でドッグゲートが転倒して水没しました**（図35－２）**。東シナ海西部で低気圧の気圧急変（数10分で２～３hPa）で２㎝に波が発生し、その低気圧が波の伝播速度とほぼ同じ速度東に進んだために次第に振幅を増し、五島列島の女島付近で約６倍の12㎝に、長崎湾と五島灘の共鳴で約３倍、長崎湾内の地形的影響などの増幅で約５倍など、数段階の増幅効果によって約150倍の波になったという調査もあります。

知っておくべきお天気情報のツボ

「あびき」だけでなく、「うねり」など遠くからくる波長の長い波は、強風でその場所の生じる波長の短い波に比べ、海岸地形の影響を大きく受けて極端に波が高くなる場所がでてきます。穏やかに思えても、情報や注意報が発表されるときは、危険が潜んでいる海です。海の事故が多いのは、荒れている日よりも、晴れて風が弱い休日です。

コラム 言葉の豊富な日本語と、天気予報等で使われる用語

　日本の大気現象（気象）は、世界的にみても多種多様に富んでおり、それらが豊かな食物の恵みにつながるプラスの面と、多くの災害につながるマイナスな面を持っています。このため、日本語は、気象に対しての言葉が豊富な言語となっています。例えば、「せいう」という言葉ひとつ取っても「晴雨」、「請雨」、「静雨」、「青雨」、「凄雨」、「星雨」というように、多種多様で全く異なった意味となっています。ただ、天気予報や注意報・警報などの各種情報においては、この言葉が豊富な日本語ということが一つの弱点になっています。

　各種情報は、電話、ラジオなどによる音声を主体にしたもの、テレビやインターネットなどによる画像・文字を主体にしたものがありますが、豊富な日本語をそのまま使うと、情報を作成した人の真意が、情報の利用者に伝わらない可能性がでてくるからです。

　このため、気象庁では、発表した各種情報が誰にでも正確に伝わるよう、日本語を「予報用語」「解説用語」「使用を控える用語（使用しない用語）」「使用を控える用語（言い換える用語）」にわけています。

　予報用語は、気象庁が発表する各種の予報、注意報、警報、気象情報などに用いる用語で、意味の明確な用語です。一般的に使われている「所により」「一時」「時々」などの言葉についても、予報用語として使うときには、一定のルールに基づいて使うことになっています。また、天気予報などは広く一般の人を対象として発表していますので、専門的な用語は最小限とし、誰にでも理解できるような平易な用語が選ばれています。

　解説用語は、気象庁が発表する報道発表資料や予報解説資料などに用いる用語で、気象予報士などの専門家が対象ですので、専門的な用語が入っています。

　使用を控える用語は、難しい専門的な言葉や誤解を与える言葉のほか、文字では一目瞭然な用語でも、音声にすると意味を取り違えたり、わかりにくくなったりする用語です。ただ、使用を控える用語であっても、言い換える用語がある場合は、それに言い換えます。例えば、「激しい雷雨」という言葉は、激しいのは雷なのか雨なのかわからないことから使わない用語とし、「強い雷」や「雷を伴った強い雨」のように、雨の強さに応じた表現にするとしています。また、「気圧傾度」という言葉は使用せず、「等圧線の間隔」とか「気圧の傾き」といった言葉に置き換えます。さらに、「かすみ」は、気象観測において定義がされていないことから、置き換えもなく、使用しない用語です。

　ただ、言葉は生き物です。時代とともに変化し、時代の求めに応じて新しい用語が生まれていますので、予報用語は定期的に見直しが行われ、社会一般の言語感覚から遊離しないように配慮されています。

50

気象観測と天気予報 2

36 風の観測は「風車型風向風速計」から「超音波風向風速計」へ

　風は風向も風速も絶えず不規則に変動しており、このような現象を「風の息」といいます（図36－1）。これは、地表面の起伏や家や樹木等の障害物に遮られて風が渦を巻くことによって生じます。このため、ある時刻の風向・風速として一定の時間間隔を決め、この時間間隔の観測を平均し、平均風速を求めます。平均時間を長くすると、観測所周辺の代表的な観測値となりますが、大きな値が出にくくなり、瞬間

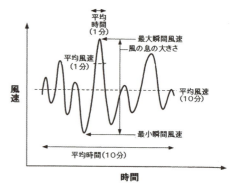

図36－1　風の息

的に強くなる風を表現できなくなります。平均風速の時間間隔は、明治初期は1時間でした（図36－2）。当時の風速計は、4つの杯が回転するたびに歯車が動くロビンソン風速計（図36－3）で、9時の観測開始とともに目盛りを読み、気温などの観測を行い、10時に再度目盛りを読んで9時30分の風速としていました。その後、20分間の平均となりましたが、1910年（明治43年）になると気象電報の扱いが喧しくなり、観測の30分後までに電報局に届けないと有料になることから、観測時間が早くなっています。1940年（昭和15年）からは10分間平均です。

　瞬間風速は、変動している風の瞬間的な値のことで、そのうち一番大きなものを、最大瞬間風速といいます。昔の風速計では瞬間風速を観測することは不可能でしたが、風の動圧を利用する風速計、プロペラ軸に連結した穴の開いた回転板を通過する光の数をカウントする風速計、プロペラに発電器をとりつけた風速計など自記記録が可能となると、その自記記録から最大瞬間風速を求めるようになります。1934年（昭和9年）9月21日の室戸台風では、室戸岬測候所で瞬間風速60m/sを観測（直後に風速計が故障）しましたが、この時から建物の倒壊と最大瞬間風速の関係に注目が集まります。最大瞬間風速は、風速計

図36－2　平均風速の変遷

	時間間隔（観測を開始した時刻～観測を終了した時刻）
明治13年（1880）～18年	1時間（観測時刻－30分～観測時刻＋30分）
明治19年（1886）～42年	20分間（観測時刻－10分～観測時刻＋10分）
明治43年（1910）～昭和14年	20分間（観測時刻－20分～観測時刻）
昭和15年（1940）～	10分間（観測時刻－10分～観測時刻）

図36－3　ロビンソン風速計（「気象観測法講話（三浦英五郎著、地人書館、1940）」より）

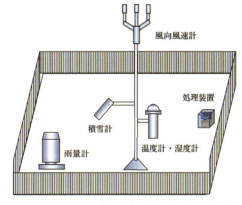

図36-4　気象台・測候所の地図記号　　図36-5　風車型風向風速計　　図36-6　アメダスの超音波式風向風速計

　から0.25秒間隔で測定値が直接得られるようになると、その測定値の最大値をとるようになり、2007年（平成19年）12月からは、3秒間の測定値（0.25秒間隔12個の平均）の最大値としています。気象庁では、台風に関する情報の中で、暴風や強風への警戒を呼び掛けるため最大風速の予想を発表していましたが、2012年（平成24年）の台風4号からは、最大瞬間風速の予想を付け加えています。

　気象台や測候所の地図記号は、アルファベットのTに似たマークです（図36-4）。これは、ロビンソン式風速計の横から見た形を図案化したものです。ただ、戦後になり、ロビンソン風速計では、風速の変動があるとき実際の風速より大きい値を観測してしまうことが分かり、風杯を120度ごとに3個配置し、アームを少し短くした3杯式風速計での観測に切り替わり、さらに、流線型の胴体の先端に4枚程度の羽を持つプロペラ（風車）を、後部に垂直尾翼をつけた風車型風向風速計に変わっています（図36-5）。この風車型風向風速計も、2021年（令和3年）からは超音波式風向風速計への置き換えが進んでいます（図36-6）。超音波式風向風速計は、音波が空気中を伝播する時、その速度が風速によって変化することを利用したもので、周囲の雑音と区別するため100kHz程度の超音波が使われています。

⚠ 災害事例

　1917年（大正6年）10月1日未明に静岡県浜松付近に上陸した台風は、北東進して東京湾のすぐ西を通ったため、東京湾では高潮が発生し、死者・行方不明者1,324人という甚大な被害が発生しました。東京の最低気圧952.7hPaは、今でも記録です。また、最大風速は南南東の風39.5m/sでした。しかし、気象庁ホームページにある東京の最大風速のランキングでは、1917年（大正6年）10月1日の観測は27.7m/sで、1938年（昭和13年）9月1日の31.0m/sに次ぐ2位となっています。これは、ロビンソン風速で観測した1924年（大正13年）までの観測データは、全て0.7をかけるなどの換算が行われたためです。

知っておくべきお天気情報のツボ

超音波式風速計は、回転する部分がないので、追随の遅れや回りすぎもなく、微風や乱流の測定に適しています。また、凍結による故障も起きにくいとされますが、送受信機を支えるアームの振動の影響で強風の測定に弱点があります。また、ソフトウェアの不具合で異常な値が出ることもあり、2021年（令和3年）12月には15地点で異常値が発生し、ソフトウェアの改修が行われています。

37 | 急増している「湿度の観測」

　湿度は、大気中に実際に含まれている水蒸気の量と、その大気がその温度で含みうる最大限の水蒸気の量との比を％で表した相対湿度が使われます。空気中に同じ量の水蒸気があっても、温度が高ければ含みうる最大限の水蒸気量が多いので、相対湿度は小さくなります。例えば、1㎥に含みうる最大限の水蒸気量は、10℃の場合9.4ｇ、20℃の場合17.3ｇ、30℃の場合30.4ｇです。1㎥に17.3ｇの水蒸気が含まれているとき、気温が20℃なら相対湿度は100％ですが、30℃なら57％（＝17.3÷30.4）です。気温が10℃になれば、相対湿度が100％となって7.9ｇ（＝17.3－9.4）が水滴などに変わって大気からでていきます。空気が湿って相対湿度が100％近い値になることは珍しくないため、相対湿度の値が大きい統計はとられていません。相対湿度の統計は、値が小さい場合だけです。周囲が海に囲まれている日本では、相対湿度が極端に小さくなることは少ないのですが、それでも、2005年（平成17年）4月6日に熊本県阿蘇山で相対湿度０％を記録するなど、岐阜県高山や鹿児島県屋久島などで相対湿度０％の記録があります（図37－1）。湿度は1％単位で測りますので、フェーン現象がおきて空気が乾燥したときに、大気中に浮遊していた火山灰が水蒸気を吸収するなどの要因が重なって相対湿度が0.5％未満になっています。

図37－1　東京の相対湿度の記録

東京の最小湿度		起日
1	6％	2003年2月28日
2	6％	1963年1月24日
3	8％	2014年4月12日

【参考】
０％（熊本県阿蘇山：2005年4月6日など）
０％（岐阜県高山：2005年4月9日）
０％（鹿児島県屋久島：1971年1月19日）

　東京オリンピックが始まる数か月前の1964年（昭和39年）夏、東京は異常渇水と猛暑にみまわれていました。7月22日から8月19日まで連続して真夏日が続き、8月には東京区部で1日15時間断水という異常事態となっています。このときに生まれた言葉が「東京砂漠」で、その後、都会生活の味気なさを表現する言葉として定着し、1976年（昭和51年）には内山田洋とクールファイブ（※）のヒット曲のタイトルにもなっています。東京の相

対湿度は、19世紀後半には年平均で70％代後半でしたが、次第に減少し、東京オリンピックの頃から60％代前半となっています。近年は60％を切ることも珍しくありません**（図37－２）**。砂漠地帯の国での湿度の観測が少ないのですが、リビアのトリポリで57％など、多くの人が住んでいる場所では50％代ですので、東京も砂漠の都市に近くなってきたと言えなくもありません。東京の月別の相対湿度は、冬が低

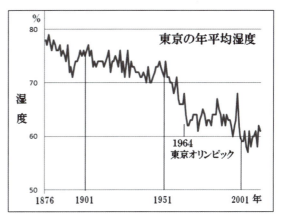

図37－２　東京の年平均湿度の推移

く（１月の平年値49％）、夏が高い（７月の平年値73％）のですが、都市化によってもともと乾燥している冬のほうが夏より乾燥化が進んでいます。

（※）内山田洋が率いる歌謡グループ。

都市化が進むと、植物が減るなどで乾燥して乾燥して霧が発生しにくくなる面と、大気中の微粒子が増加して発生しやすくなる面がありますが、総合すると、都市化が進むと霧が少なくなります。一口に都市化の影響といっても単純ではありませんが、火災の危険性が高くなるということはいえます。

　空気の湿り具合の変化は、大気現象の変化に重要な役割をしています。この湿り具合を量的に表したのが、「相対湿度」、「湿数」、「絶対湿度」で、利用目的によって使い分けています。飽和水蒸気量は気温によって変化しますので、大気中に同じ水蒸気量があっても、気温が上がれば相対湿度が下がり、気温が下がれば湿度が増加し、ある温度まで下がると湿度が100％となります。この温度が露点温度です。「湿数」は、気温と露点温度の差です。例えば、気温が12.5℃のとき、7.0ｇの水蒸気があるとは、露点温度が5.4℃となりますので、湿数は7.1℃（＝12.5－5.4）となります。湿数が小さいときは大気が湿っていることを示しています。

　「絶対湿度」は、１㎥あたりの大気中に含まれる水蒸気量のことです。大気中に１㎥あたり7.0ｇの水蒸気があるときは、7.0ｇというのが絶対湿度です。気温が上がっても、下がっても、露点温度以下にならない限り同じ値です。札幌、東京、沖縄の絶対湿度の月ごとの平年値をみると、沖縄は札幌より大きく、どの地点も、夏季は冬季より大きくなっています**（図37－３）**。札幌、東京、沖縄の相対湿度の月ごとの平年値をみると、東京と沖縄の夏季は冬季より大きくなっていますが、札幌は冬でも高い値となっています**（図37－４）**。

　アメダス（AMeDAS）とは、気象庁の気象状況を時間的、地域的に細かく監視する「地域気象観測システム」のことで、英語表記「Automated Meteorological Data Acquisition System」の頭文字です。1974年（昭和49年）11月１日に運用を開始して、現

在、降水量を観測する観測所は全国に約1,300か所（約17km四方に1か所）あります。このうち、約840か所（約21km四方に1か所）では降水量に加えて、風向・風速、気温、湿度を観測しているほか、雪の多い地方の約330か所では積雪の深さも観測しています。ただ、湿度を観測するようになったのは、2021年（令和3年）3月4日からです。これは、集中豪雨の予測能力の向上に必要な水蒸気監視能力を強化するためです。なお、運用開始から約50年にわたって続けられてきた日照時間の観測は、2021年（令和3年）3月2日に終了し、気象衛星観測のデータ

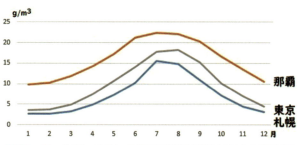

図37-3　札幌、東京、那覇の絶対湿度の月ごとの平年値

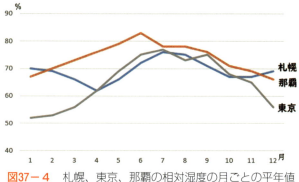

図37-4　札幌、東京、那覇の相対湿度の月ごとの平年値

を用いた「推計気象分布（日照時間）」から得る推計値が使われています。

　アメダスは、筆者が若い頃、気象庁の予報課で予報業務に従事していた時の予報部長・清水逸郎さんが、高層課長であった時代に、さらに上司の観測部長だった木村耕三さんが、考えたすえにつけたと聞いています。気象事業は各国の協力のものになりたっています。このため、観測・予報データだけでなく、観測方法や予報の手法、技術者の育成方法なども、各国と情報交換が行われています。「地域気象観測システム」は、世界に先駆けて時間的、地域的に細かく監視するシステムでしたので、英語表記が必要となり、清水逸郎さんが英語表記「Automated Meteorological Data Acquisition System」、略号「ＡＭＤＡＳ（アムダス）」を提案しています。部下のアイデアを聞いていた木村さんは、大文字のMのあとに小文字のeを入れて「AMeDAS（アメダス）」としたほうが「雨出す」のようでおもしろいからそうしようと言い、決めています。つまり、アメダスの略号に小文字のeが入っているのは、「気象（Meteorological）」だけ、頭文字と2番目の文字を使っているからです。「地域気象観測システム」だと、固くて何を示しているものかわかりにくいと思いますが、気象観測の重要な柱である雨の観測を連想できる名前にしたことで、非常に良いネーミングで、木村さんもそれを意識していたのではないかと思います。ただ、ＮＨＫでアメダスという言葉を使ったところ、「ＮＨＫがなまるとのは良くない。正しく発音し、雨ですといえ」というクレームがきたという話を聞いています。また、雨だけでなく風を観測する「カゼダス」を作ってくださいという、誤解からの要望も少なくなかったと聞いています。

アメダスが誕生するまでは、観測が人の手で行われていたために観測所の数を増やすことは大変でした。また、データの報告速度や誤差に限界がありました。先の将来に向けて、防災を強化する必要があり、そのために気象状況をきめ細かく、より迅速に把握することが急務でした。そこで、木村耕三さんたちが「地域気象観測システム」を考えたのですが、木村さんの頭の中にあったのは、中国での戦争体験と聞いています。太平洋戦争中、招集されて中国東北部で天気予報の責任者だった木村さん、気象観測データは全くありませんでした。そこで、考えたのは、各地の兵士に現在の天気、例えば、晴れとか雨とか見た状況をそのまま報告させ、それを利用して天気予報を行ったそうです。気象観測とはいえないような単純なことでしたが、それでも、多くのデータを直ちに集めることが天気予報の参考になったそうです。観測した多くの情報を、気象庁に送るために木村さんが目をつけたのは、一般の電話回線でした。当時、データを遠くへ送るためには専用の通信回線が必要で、多額の費用がかかりました。一般の電話回線が利用できれば、費用が抑えられ、その分だけ観測所の数が増やせます。今となっては当たり前ですが、一般の電話回線でのデータのやりとりは、日本で初めての試み、前人未到なアイデアでした。したがって、国の機関である電電公社が、電話回線のデータ通信への解放を決めた最初の事例はアメダスです。電電公社は、1985年（昭和60年）4月1日に民営化され、NTTが誕生しています。NTTは、1999年（平成11年）に再編され、NTT東日本、NTT西日本、NTTコムが誕生していますが、主な事業はデータ通信です。

　気象庁では、大気中の水蒸気分布を観測するため、全国のアメダス観測所の湿度計設置に加え、2021年（令和3年）から気象庁の持つ凌風丸と啓風丸の2隻の気象観測船にGNSSと呼ばれる人工衛星と連携した水蒸気の観測装置を取り付けています**（図37－5）**。これは、衛星からの電波が大気中の水蒸気の多寡によって速度が変わることを利用した装置で、カーナビなどで利用されているGPS機能を利用したものです。GPS機能は、複数の衛星からの電波からの受信し、受信機の位置

図37－5　東シナ海における梅雨活動の観測のために長崎港に入港した凌風丸に取り付けられたGNSSの受信機（一番右側の装置）

を求めるもので、大気中の水蒸気の多寡によってわずかな誤差が生じています。実用上は問題がないわずかな誤差ですが、これを逆にとって、わずかな誤差から大気中の水蒸気の量を求めるものです。

38 ひまわりの大気の窓の観測から可視画像と「赤外画像」

　1975年（昭和50年）9月9日に人工衛星打ち上げ技術習得用の衛星が打ち上げられ、宇宙開発事業団（現在の宇宙航空研究開発機構JAXA）は、菊の節句にちなみ愛称を「きく」としました。その後、1976年（昭和51年）の電離層観測衛星「うめ」、1977年（昭和52年）の気象衛星「ひまわり」など、愛称が花の名前（ひらがな）でつけられています。これは、「宇宙に花ひらけ」との願いをこめてですが、気象に密接な関係がある太陽とイメージが重なる「ひまわり」は、今では国民生活にすっかり定着しています。

　「ひまわり1号」が最初に画像を送ってきたのは、1977年（昭和52年）9月8日12時の可視画像（図38-1）で、沖縄の南海上に台風9号の雲が見えます。台風9号は、その後、勢力を落とさずに9日23時前に沖永良部島を直撃、907.3hPaと言う日本最低気圧を観測したことから、気象庁は「沖永良部台風」と命名しました。その後、台風9号は北上して九州上陸という予報に反して東シナ海を西へ進み、東シナ海で漁船が多数台風に巻きこまれました。これは、日本東方の太平洋高気圧が急速に勢力を強め、西に張り出してきたためで、このとき「ひまわり」が運用していればとの指摘がありました。このため、「ひまわり」の機能チェック作

図38-1　気象衛星ひまわり（昭和52年9月8日12時の可視画像）

業などのスケジュールが前倒しとなり、予定より早い11月4日に宇宙開発事業団から気象庁に運用が移管、翌1978年（昭和53年）4月6日から本運用となりました。

　平成に入ると衛星の名前は公募されることが多くなりました。気象衛星「ひまわり5号」の後継機として1999年（平成11年）11月15日に打ち上げられる「運輸多目的衛星1号」は、航空機の管制機能付加など機能が一新されることもあって、公募で新しい名前が付けられることになりました。しかし、打ち上げに失敗、気象観測は「ひまわり5号」の延命措置とアメリカの中古衛星「ゴーズ9号」借用で何とか継続しました。2005年（平成17年）2月26日に打ち上げられた「運輸多目的衛星新1号」は、親しまれている愛称を継続するということで、「ひまわり6号」と名前が付けられました。翌年に「ひまわり7号」が打ち上げられ、以後2機体制になっているのは、気象衛星の重要性が増し、長期間の欠測を避けるためです（図38-2）。

　人工衛星が打ち上げられると、すぐに、それを使っての気象観測が始まります。地球から放射される光は、衛星に到達するまでに地球をとりまく大気の間を通っていますが、波

図38-2　歴代の「ひまわり」

号数（打ち上げ）	観測している波長（単位：μm）	備考
ひまわり1号（昭和52年） ひまわり2号（昭和56年） ひまわり3号（昭和59年） ひまわり4号（平成元年）	赤外（10.5～12.5）、可視（0.5～0.70）	
ひまわり5号（平成7年）	赤外1（10.5～11.5）、赤外2（11.5～12.5）、 赤外3（6.5～7.0）、可視（0.55～0.90）	中・上層の水蒸気観測が可能になる。
ひまわり6号（平成17年）	赤外1（10.3～11.3）、赤外2（11.5～12.5）、 赤外3（6.5～7.0）、赤外4（3.5～4.0）、可視（0.55～0.90）	夜間の霧観測が可能になる。
ひまわり7号（平成18年）	ひまわり6号と同じ	
ひまわり8号（平成26年）	赤外1～10（10種類） 近赤外1～3（3種類） 可視BGR（3原色：カラー合成）	防災のための監視と地球環境の監視の機能が強化。
ひまわり9号（平成28年）	ひまわり8号と同じ	

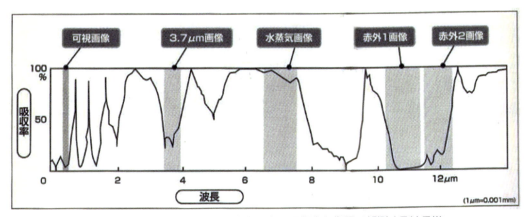

図38-3　各波長の電磁波の大気による吸収率と衛星で観測する波長帯

長には、大気に吸収されやすい波長と吸収されにくい波長があります（**図38-3**）。1977年（昭和52年）に打ち上げられた最初の静止気象衛星「ひまわり」では、可視領域の0.55～0.9μmの波長と、赤外線の10.5～12.5μmの波長を観測していました。ともに、大気による吸収の少ない「大気の窓」と呼ばれる波長の観測です。

　可視画像は、太陽光が地球によって反射した光の観測で、昼間しか観測できませんが、厚い雲や雲粒の密集した雲ほど白く映ります。赤外画像は、赤外線の強さから、その赤外線を出している物体の温度を推定し、温度の低いものほど白く映るようにした画像です。雲が存在する対流圏では高度が高くなるにつれて温度が低くなりますので、赤外画像で白く映るのは、雲頂が高いところにある雲です。夜間でも観測できることから、テレビ等でよく使われている画像です。水蒸気画像は、低気圧や台風に伴う雲や雲がなくても水蒸気の多い場所は白く表現されます。

39 世界初のカラー観測「トゥルーカラー画像」

2014年（平成26年）10月7日に、防災のための監視と地球環境の監視機能強化を目的に打ち上げられた「ひまわり8号」は、約2か月後の12月18日にカラーで撮影した地球の画像を送ってきています**（図39－1）**。「ひまわり8号」は、「ひまわり7号」に比べると、搭載している放射計の数が5から16に増え、解像度も半分になってより細かい観測が可能となっています**（図39－2）**。なかでも、可視光領域の3つの波長の観測を合成することで、人が宇宙から地球を見た場合に似た「カラー画像」が作成可能となったのが大きな特徴の衛星です。これまでは、わかりやすいようにコンピュータ処理で色

図39－1 「ひまわり8号」の初カラー画像（平成26年12月18日11時40分：気象庁ホームページより）

をつけているだけですが、カラー観測は「ひまわり8号」が世界初です。カラー観測になったことにより、防災のための監視能力が向上したことに加え、黄砂や火山の噴煙などの監視でも今まで以上に有効になります。また、海の色は植物プランクトンの量で変わりますので、漁業や、地球温暖化の正確な予測（海の二酸化炭素吸収量の正確な把握）などにも利用が期待されています。

図39－2 「ひまわり7号」と「ひまわり8号」の違い

波長（μm）	ひまわり7号（観測波長：5）	ひまわり8号（観測波長：16）	想定される用途の一例
0.47		観測（直下の解像度1km）	カラー合成画像（青）、植生、エーロゾル
0.51		観測（1km）	カラー合成画像（緑）、植生、エーロゾル
0.64	観測（1km）	観測（0.5km）	カラー合成画像（赤）、下層雲、霧
0.86		観測（1km）	植生、エーロゾル
1.6		観測（2km）	雲相判別
2.3		観測（2km）	雲粒有効半径
3.9	観測（4km）	観測（2km）	下層雲、霧、自然災害
6.2	観測（4km）	観測（2km）	上・中層水蒸気量
6.9		観測（2km）	中層水蒸気量
7.3		観測（2km）	中層水蒸気量
8.6		観測（2km）	雲層判別、二酸化硫黄
9.6		観測（2km）	オゾン全量
10.4	観測（4km）	観測（2km）	雲画像、雲頂情報
11.2		観測（2km）	雲画像、海面水温
12.4	観測（4km）	観測（2km）	雲画像、海面水温
13.3		観測（5km）	雲頂高度

1961年（昭和36年）4月12日にソビエト連邦のユーリー・ガガーリンが世界で始めて宇宙飛行をし、「空はとても暗かった。一方地球は青みがかっていた（日本では〈地球は青かった〉と訳される）」という有人な言葉を残しています。「ひまわり8号」から見た青い地球に対し、ガガーリンのときより地球が汚れたので青が薄くなったとか、人間の目は青が強調して入るので実際に見る地球のほうが青いなどの意見がでました。

40　大気の中・上層の水蒸気を観測する「水蒸気画像」

　1995年（平成7年）に打ち上げられた「ひまわり5号」からは、大気の窓（大気による吸収の小さい波長）の赤外線のうち、10.5〜11.5μmと11.5〜12.5μmの2つを赤外画像として観測し、新たに大気中の水蒸気による吸収率が高い6〜7μmの波長を観測しています。そして、この観測をもとに、対流圏上・中層の水蒸気が多い場所ほどより白く、少ない場所ほどより黒く写る水蒸気画像を作っています。水蒸気が極端に少ない場所は「暗域」と呼ばれ、そこでは下降流となっています。発達した積乱雲は水蒸気が豊富なため水蒸気画像では真っ白に写っていますが、ここに暗域が隣接していると対流不安定となって大雨となりますので、気象台では、上空の寒気だけではなく、乾気も注視しています。

⚠ 災害事例

　2012年（平成24年）7月11日から14日にかけ、本州付近の梅雨前線に向かって南から非常に湿った空気が流れ込み、熊本県阿蘇市阿蘇乙姫では、1時間に80mm以上という猛烈な雨が4時間続くなど、九州北部を中心に記録的な雨が降り、死者・行方不明者32人などの被害があり、気象庁は「平成24年7月九州北部豪雨」と命名しました。2012年（平成24年）7月12日0時の水蒸気画像では、九州に発達した積乱雲の塊があり、その北側には暗域があることから、大気が非常に不安定ということを示しています（図40-1）。

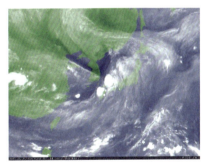

図40-1　平成24年7月12日0時の気象衛星水蒸気画像

知っておくべきお天気情報のツボ

　「これまでに経験したことのない」は、その地方ではという条件があり、荒唐無稽なことが起こるのではありません。他の地域の大災害や昔の大災害を、自分の身にも起きるという意識を持つことが大事です。

41 衛星自ら電波を放射するものもある「マイクロ波観測」

　日本は、静止気象衛星「ひまわり」を用い、1978年（昭和53年）以降、40年以上にわたってアジア・オセアニア及び西太平洋地域の観測を行い、世界気象衛星観測網の一翼を担っています**（図41－1）**。静止衛星は、地球の自転と同じ速度で地球を回っていますので、常に同じ場所を観測できます。ただ、そのような人工衛星の軌道は、赤道上空約36,000kmを西から東へ周る軌道しか存在しません。地球からかなり離れた場所からの観測ですので、大型で複雑な観測装置を積むことができません。さらに、極地方は斜めからの観測ですので、うまく観測できません。これに対して、軌道衛星は、上空約800km程度を飛行する衛星で、観測場所は常に移動し、同じ場所は1日に2回程度しか観測できませんが、大型で複雑な観測機器を搭載し、近くから観測可能です。また、気象衛星だけでなく、様々な目的の軌道衛星の観測データを使って気象業務を行うことが計算機の飛躍的な進歩が背景に進んでおり、その一つがマイクロ波による観測です。

　電磁波は、波長によって種類がいろいろとあります。波長が0.36～0.83μm（100万分の1m）のものが可視光で、波長が0.1mm～1mのマイクロ波をマイクロ波放射計で観測するのがマイクロ波観測です。マイクロ波観測には、地上にマイクロ波を照射し、その反射波を観測する能動型と、対象物が放射する非常に微弱なマイクロ波を観測する受動型があります。能動型は地球上の山や谷を観測するのに、受動型は海面温度や積雪量、氷の厚さ等を観測するのに適しています。

　気象庁は、警報等の防災気象情報の発表をより的確なものとするため、スーパーコンピュータを用いた数値予報モデル（全球モデル）を2019年（令和元年）12月11日に改良し、台風進路予測や降水予測の精度を改善しています。このときの改善点の一つが、気象庁とJAXA地球観測研究センターが共同研究した水循環変動観測衛星「しずく」などの人工衛星に搭載されたマイクロ波放射計の観測データの利用開始です。

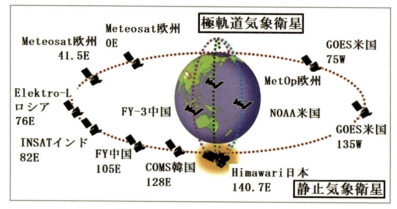

図41－1　世界の気象衛星観測網

⚠ 災害事例

2018年（平成30年）6月28日から7月8日にかけ、台風7号および梅雨前線等の影響で西日本を中心に広い範囲で集中豪雨が発生し、気象庁は「平成30年7月豪雨」と命名しています。「西日本豪雨」と呼ばれることが多い豪雨ですが、このときの水循環変動観測衛星「しずく」のマイクロ波観測を使って予測を行った結果が図41－2です。マイクロ波観測も使って予測すると119.5mmになります。まだ、実際に観測した桁違いの雨量の172mmより少ないのですが、少なくとも2日以上前から100mm以上の大雨が降るという予測ができたことになります。なお、この水循環変動観測衛星「しずく」は、2012年（平成24年）に日本が打ち上げた衛星で、降水量、水蒸気量、海洋上の風速や水温、陸域の水分量、積雪深度などを上空約800kmから観測している受動型の衛星です。

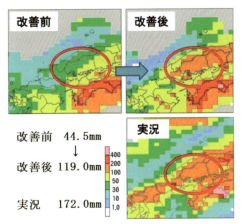

図41－2　平成30年7月豪雨の予測例（7月3日21時の初期値から計算した6日の24時間最大降水量の予測）

42 | 気象衛星から霧がわかる「霧プロダクト」

2014年（平成26年）10月7日に、防災のための監視と地球環境の監視機能強化を目的に打ち上げられた「ひまわり8号」は、それまでの「ひまわり7号」に比べると、搭載している放射計の数が増え、解像度も細かくなり、様々な観測バンドを組み合わせ、いろいろな画像が作られています。このうち、「Night microphysics　ＲＧＢ合成画像」は夜間の霧や下層雲を捉えることができます（図42－1）。

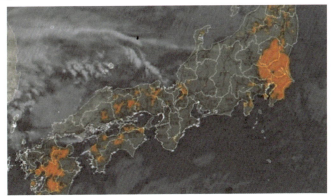

図42－1　霧プロダクト（令和2年11月26日5時）

災害事例

2020年（令和2年）11月26日明け方の関東地方は、前線を伴った低気圧の通過で雨上がりの晴天となり、広い範囲で濃い放射霧が発生しました。前日夕方に埼玉・栃木・茨城・千葉の各県に濃霧注意報が発表されていましたが、鉄道各線で遅れが生じるなどの被害が発生しました（図42－2）。5時の「Night microphysics ＲＧＢ合成画像」では、栃木県から千葉県にかけて霧が広がっており、視程は宇都宮1,430m、熊谷5,730m、秩父180m、千葉1,400m（6時では宇都宮1,750m、熊谷510m、秩父150m、千葉520m）でした。「Night microphysics ＲＧＢ合成画像」ができるまでは、太陽があたる昼間の霧について気象衛星の「可視画像」により何とかわかりましたが、秋から初冬にかけて、地上の気温が放射冷却で冷やされると発生する放射霧など、夜間の霧については分かりませんでした。

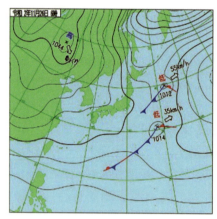

図42－2　地上天気図（令和2年11月26日6時）

知っておくべきお天気情報のツボ

Night microphysics RGB合成画像は、専門家向けなので、気象庁のホームページの分かりやすい場所ではありませんが、サイト内検索で「霧プロダクト」と打つとでてきます。

ここがポイント　気象衛星の観測波長が増えるにつれ、いろいろな情報が発表されるようになりますので、最新の情報入手が必要です。

43 | 上空を細かく観測する「ウィンドプロファイラ観測」

気象庁の高層観測に、1日に2回、気象観測器を気球につるして飛揚し、対流圏から下部成層圏（地上から上空約30km）までの気圧、気温、湿度、風向、風速を観測しているレーウィンゾンデ観測（ラジオゾンデ観測ともいう）があります。上空ほど気圧が低くなるので、高層観測で用いる気球は上空に行くほど膨らんで大きくなり、約30kmで破裂して役目を終えることとなります（図43－1）。高層における気象観測は、水平スケールが1,000km以上の総観規模の大気現象の把握を観測の目的としていて、茨城県つくば市にある高層気象台も含めて全国16か所の観測所で行われています。

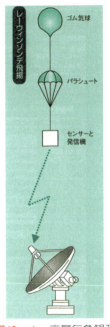

図43-1　高層気象観測

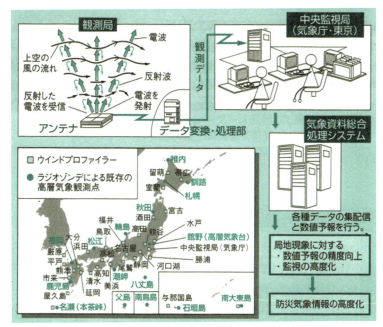

図43-2　ウィンダスの観測情報の流れ

　また、災害を未然に防ぐためには、きめ細かな地上観測に加え、高層観測においてもきめ細かな観測が必要となります。このため、気象庁では2001年（平成13年）から、従来の高層気象観測に加え、ウィンドプロファイラにより上空の風を観測しています**（図43-2）**。ウィンドプロファイラは、地上から上空へ向けて発射された電波と、その電波が大気により反射されて戻ってきたときの電波の周波数の違いから、上空の風向・風速を連続的に測定する装置で、高度200〜約5,000mまでの風を100〜600mの高度分解能で10分ごとに観測することができるものです**（図43-3）**。ウィンドプロファイラによって、豪雨や豪雪など局地的な気象災害の要因となる"湿った空気"の流れを連続的に把握することが可能となり、集中豪雨などの局地的現象の予測精度が向上しています。

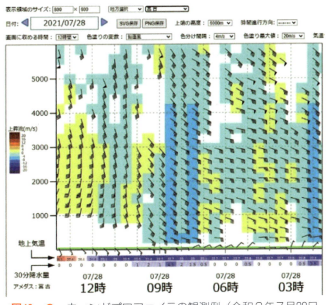

図43-3　ウィンドプロファイラの観測例（令和3年7月28日の岩手県宮古の場合）

44 上昇流・下降流やメソサイクロンまでわかる「気象ドップラーレーダー」

　レーダーは、レーダー発信機から電波を発射して、その電波がはね返ってくるまでの時間や方向から、物体の位置を知る装置のことです。反射してきた電波から、陸地や雨雲等によるものを自動的に消し、船舶や飛行機等からの反射電波のみを表示する探知用レーダーの技術は比較的早くに実用化されましたが、陸地等を消し、雨雲のみを表示する気象レーダーの技術は非常に難しく、ようやく実用化されたのは1975年（昭和50年）頃になってからです。

　1976年（昭和51年）の函館気象レーダーの更新では、全国に先駆けて真空管式から集積回路式に変わり、観測方法も、ブラウン管に移る画像を観測員がスケッチをするという観測方法から、機器が数字（デジタル）で表示する方法に変わっています**（図44－1）**。当時、私は函館気象レーダーの観測員でしたが、デジタル化によってレーダー観測結果を容易に集めることができ、計算機を用いて全国合成図を作ることや、決め細かい降水予報が可能となるなど、大きな変わり目を経験しました。

　気象レーダーは、雨雲の移動を観測できるドップラー機能が追加となるなど、性能が上がっていますが、日本全国をカバーするのに20台のレーダーが必要と言うことは変わっていません。これは、地球が丸いためです。速くにある背の低い雲は、**図44－2（A）**のように地平線の下に隠れて探知できません。**図44－2（B）**のように、富士山頂などの高い場所に設置すれば多少遠くまで探知できますが、それでも限界があります。実際に1台のレーダーが観測できる範囲は、概ね200〜400km先までですので、レーダー観測には数が必要です。

　気象ドップラーレーダーでは、物体へ同じ波長の電波が発射しても、近づいてくる場合の反射電波は波長が短く、遠ざかる場合の反射電波は波長が長くなるというドップラー効果を用いて、動径方向の速度をも求めること

図44－1　日本の気象レーダー観測の歴史

和暦	西暦	出来事
昭和29年	1954年	大阪レーダー設置（以後、全国展開）
昭和39年	1964年	富士山レーダー設置（主目的は台風を遠くから監視）
昭和51年	1976年	函館レーダーがデジタル化（以後、全国展開）
平成11年	1999年	富士山レーダー廃止（長野と長岡に新レーダー）
平成18年	2006年	東京レーダーがドップラー化（以後、全国展開）
令和2年	2020年	東京レーダーが二重偏波化（以後、全国展開の予定）

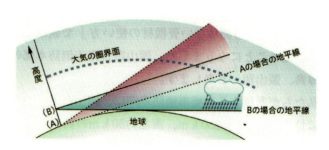

図44－2　レーダーの限界

ができるレーダーです（**図44-3**）。原理は簡単ですが、電波の速度は光と同じ30万km／秒なのに対し、雨粒の速度は30m／秒にはなりません。つまり、1,000万分の1以下のごくわずかの波長の変化の検出ですので、実用化は遅れていました。

気象庁がレーダーを導入したのは、1954年（昭和29年）の大阪レーダーからですが、ドップラー機能を搭載したレーダーは、1994年（平成6年）の関西国際空港開港と同時に設置された気象ドップラーレーダーからです。当時のドップラーレーダーの探知範囲は100km程度しかなく、広い範囲の観測を必要としない空港から導入でした。その後、雨雲からの反射電波を処理する技術革新が進み、探知範囲が400km程度まで伸びたことから、2006年（平成18年）3月運用開始の東京レーダー（千葉県柏市）を皮切りに、現在ではすべてがドップラーレーダーです。

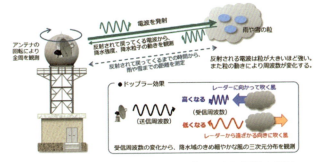

図44-3　気象ドップラーレーダーによる観測の概要

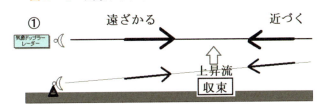

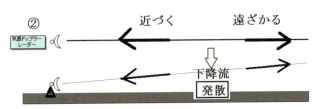

図44-4　気象ドップラーレーダーからわかる上昇流①と下降流②

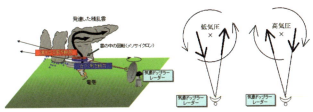

図44-5　気象ドップラーレーダーによるメソサイクロン観測の原理

気象ドップラーレーダーが観測できるのは、雨雲が近づいてくるか遠ざかるかですが、この分布を解析すると、いろいろなことが推定できます。例えば、**図44-4**の①のように近くにある雨雲が遠ざかっており、遠くにある雨雲が近づいている場合は、その中間で上昇流があります。空気が集まってくる（収束する）場所では、空気は地表面方向にはゆけず、上昇気流が起き、ここに雲がある場合は発達します。逆に**図44-4**の②の場合は、空気が周辺に流れだす（発散する）ことから下降流が起きています。

また、近づいてくる場所と、遠ざかる場所が並んでいる場所では、渦を巻いています。レーダーサイトからみて右側が遠ざかり、左側が近づくときは、低気圧性の渦巻です（**図44-5**）。竜巻は直径が数十mから数百mしかなく、気象ドップラーレーダーでの検出で

きませんが、竜巻をもたらす積乱雲の中にある直径数kmの大きさを持つ低気圧性の回転（メソサイクロン）は検出することができます。メソサイクロンが存在する場合は、そこで竜巻などの突風が発生している可能性が高く、竜巻注意情報などが発表されます。

災害事例

2005年（平成17年）12月25日19時10分、山形県酒田市の羽越線で特急「いなほ」が突風を受けて脱線転覆し、死者5人、負傷者33人という事故が発生しています（羽越線脱線事故）。原因となった寒冷前線に伴う竜巻は、藤田スケールでF1、幅10～100mで長さ2kmのものでしたが、ピンポイントで特急列車を直撃しました。この時点での気象庁のドップラーレーダーは、空港用の気象ドップラーレーダー8台を除くと、更新中の東京レーダーのみでした。

45 雨粒の形がわかる「二重偏波気象レーダー」

気象庁では、2020年（令和2年）3月5日から、千葉県柏市にある東京レーダーを、二重偏波気象レーダーに更新しました。この二重偏波気象レーダーは、水平・垂直の2種類の電波を用いて雨粒などの形や大きさという特徴をも捉えることが可能で、従来よりも正確に降水強度を観測でき、雨や雪、ひょう、あられなど、どの粒子であるかを調べることができます（図45-1）。このため、竜巻や局地的な大雨などの監視能力の向上や、きめ細かい降水予報の高精度化など、様々な改善がもたらされることが期待されています。気象庁では、全国に20か所あるドップラーレーダー機能を持った気象レーダーを、全てドップラーレーダーの機能を持った二重偏波気象レーダーに順次更新しています。

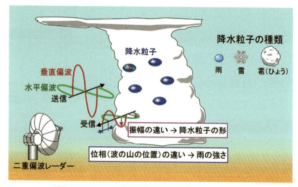

図45-1　二重偏波レーダーのしくみ

知っておくべきお天気情報のツボ

予測が難しい大気現象が存在していますが、これを解明するための機器の開発が急速に進んでいます。これまで予想が難しかった現象でも予測が可能となったものもあり、先入観をもたずに、気象情報の内容に注意する必要があります。

46 日本中を1kmの格子でおおう「メッシュ平年値」

　気象レーダーは、電波を使って広い範囲の雨の分布や強さを連続的、面的に観測できますが、地上の雨量を直接測定するものではありません。一方、アメダスはその地点の雨量を正確に観測できるといっても、アメダス観測所の配置は、約17km四方に1か所の割合でしかありません。地上の雨量計データは、雨量を正確に観測できるといっても、数多く観測所を配置するには、費用などから事実上不可能です。例えば、気象庁のアメダスは全国に1,300か所、平均で17km四方に1か所の割合で設置です。これを1km四方に1か所にすると289倍（＝17×17）の37万か所以上の観測所が必要になります。

　解析雨量は、レーダーとアメダスのそれぞれの特徴を生かし、レーダーの連続的、面的な情報を、アメダスの実測雨量で較正することにより得られる雨量情報です（図46－1）。各地のレーダーで観測したデータは、アメダスの雨量計で較正し、レーダー観測に伴う各種誤差を最小にするように処理され、降水短時間予報や記録的短時間大雨情報などに使われています。また、アメダスの平年値を用い、1km四方の網目ごとに推定したものが「メッシュ平年値」です。推定に当たって

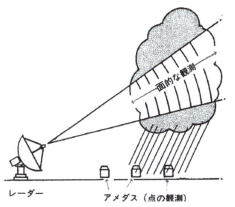

図46－1　レーダーとアメダスによる雨量観測

は、標高・勾配などの地形因子や都市因子との統計的な関係を重回帰分析で求め、平均気温、日最高気温、日最低気温、降水量、最深積雪、日照時間の月別及び年の平均値や合計値を計算しています。また、アメダスの観測項目には入っていない全天日射量についても、統計的な関係式を使って日照時間のメッシュ平年値から換算しています。これは、農業関係機関や太陽エネルギー開発分野からの要望が強いからです。メッシュ平年値は、解析雨量と同様に、近くにアメダスの観測点がなくても、精度の高い平年値がわかりますので、農業計画や自然エネルギー開発、防災の基礎資料など、多方面で利用が期待されています。

⚠ 災害事例

　2014年（平成26年）8月19日夜から明け方の広島県では、太平洋高気圧の周縁を吹く南からの温かくて湿った空気が流れ込んだため大雨となり、土砂災害が発生して74人が死亡するなど大きな被害が発生しました。強い雨を降らせた雲バンドの幅は、アメダスの雨量観測網だけでは十分に補足できない狭さです（図46－2）。メッシュ平年値2010による8月の降水量は、図46－3のように紀伊半島から九州の南東斜面で雨量が特に多いのです

が、広島市北部の山沿いは、豊後水道から暖湿気流が入りやすいので、周辺の地域よりは雨が多く降ります。

図46－2　広島のアメダス観測所と平成26年8月19〜20日の降水量

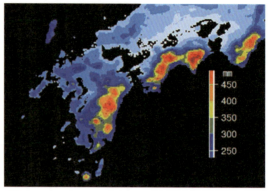

図46－3　メッシュ気候2010（西日本の8月の降水量の平年値）

知っておくべきお天気情報のツボ

「メッシュ平年値」は、人口や土地利用など、国土に関する基礎的な空間データである国土数値情報の一つとして、他の情報との比較が容易です。

47　現在がわかる「推計気象分布」

　気象庁では、2016年（平成28年）か3月から、アメダスや気象衛星「ひまわり」の観測データなどを元に、「推計気象分布」と呼ばれる情報を提供しています。これは、今の気象状況を視覚的に把握できる情報で、1kmメッシュで1時間ごとに気温・日照時間・天気のきめ細かな分布を算出したものです。推計気象分布（気温）は、アメダスの気温観測値や数値予報を用いて求めた局地的降水に伴う気温の変化量、標高による気温の違いなどを考慮して作成した情報で、単位は0.5℃ごとです。推計気象分布（日照時間）は、主に気象衛星ひまわりによる雲の観測データに基づき作成した、前1時間における日照時間の情報で、単位は0.2時間ごとです。推計気象分布（天気）は、5種類（晴れ、曇り、雨、雨または雪、雪）です。気象衛星ひまわりによる雲の観測データから晴れか曇りかを判定し、降水の有無は解析雨量を用いて判断します。雨か雪かの判別には推計気象分布（気温）も用います。

⚠ 災害事例

　2022年（令和4年）1月6日は、本州の南岸を低気圧が通過したため、西日本から東日本の太平洋側では雪や雨の降り、東京23区、千葉県全域、茨城県南部で大雪警報が発表されました（図47－1）。東京の大雪注意報の発表基準は12時間降雪量が5cm、大雪警報の発表基準は12時間降雪量が10cmですが、19時には皇居・北の丸公園内にある気象庁の露場において積雪10cmを観測しました。東京で雪が降る場合、多くは気温が数度の時の雪ですが、このときは、雪が強く降り始めた頃から氷点下となっています。気温が低い時の大雪は、電線や樹木へ着雪しにくく、すぐに凍ってアイスバーンができます。1月6日の大雪は、気温が低い時の大雪で、電線や樹木への着雪による被害は少なかったものの、すぐにできたアイスバーンにより、車のスリップ事故や歩行者の転倒事故が相次いでいます。

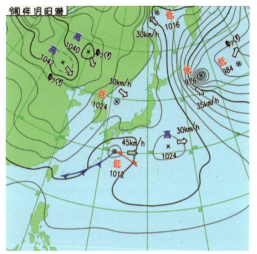

図47－1　地上天気図（令和4年1月6日9時）

図47－2　推計気象分布（令和4年1月6日9時）

　2022年（令和4年）1月6日9時の「推定気象分布」によると、房総半島南端や伊豆半島の沿岸部では雨、三浦半島の沿岸などではみぞれ、千葉市から23区南部を結ぶ線より南では雪となっています（図47－2）。そして、その後、雪の範囲は次第に関東北部に広がり、降雪強度も強まりました。

知っておくべきお天気情報のツボ

　気象庁では、2009年（平成21年）に関東甲信の8つの地方気象台の観測自動化を皮切りに、各地で観測員が行ってきた目視観測を廃止しています。そして、2024年（令和6年）4月からは、全国で目視観測を行っているのは、東京と大阪の2つの管区気象台だけです。このため、「天気」を面的に解析できる「推計気象分布」が重要になっています。

48 市町村ごとにまで細分化された「予報区の細分」

　私たちの生活や防災活動は都府県単位に行われていますので、気象庁の発表する天気予報は、気象特性、災害特性及び地理的特性によって各都道府県をいくつかに分けた一次細分区域ごとの発表です（**図48－1**）。大阪府のように面積の小さな府県は細分せず、大阪府全体が一次細分区域です。これに対し、気象に関する警報や注意報は、二次細分区域ごとに発表します。現在の二次細分地域は、市町村ごと（東京特別区のみは区ごと）の発表が基本で、一部の市町村ではさらに分割しています。ただ、テレビ放送などでは、市町村ごとに警報や注意報を伝えようとすると、煩雑になってしまうことから、地域特性や都道府県の防災関係機関等の管轄範囲などを考慮した「市町村等をまとめた地域」を使います。例えば、兵庫県は天気予報を「兵庫県北部」と「兵庫県南部」に分けて発表し、警報や注意報は市町村ごとに発表するのですが、兵庫県南部の「市町村等をまとめた地域」は、「北播丹波」「播磨北西部」「播磨南西部」「播磨南東部」「阪神」「淡路島」の6つです。

図48－1　近畿地方の一次細分区域

49 1mm以上の雨を対象とする「降水確率予報」

　気象庁が1980年（昭和55年）から発表している降水確率予報は、1つの地点に1mm以上の雨や雪といった降水がある確率を示しています。これは、予報区内のどの地点でも降水確率は同じで、予報対象地域の面積が大きくなれば降水確率も大きくなるというものではありません。降水確率の数字の大小は降るか降らないかの可能性で、時間の長さや雨や雪の強さを表現しているものではありません。ある日の「15時から21時までの降水確率が100％」という予報は、6時間連続して雨が降り続くことを示しているわけではありません。

　降水確率予報は、野球の打率に似ています。100打数で35本の安打を打ち、65回打てなかった人の打率は3割5分となりますが、ある1打席に限って考えれば、安打を打つか打たないかは2つに1つです。ヒットも2塁打もホームランも、安打数としては1になります。しかし、ある回数を重ねると、3割打つ打者と2割しか打てない打者という違いがでてきます。投手は、3割打者に対しては2割打者以上に警戒することになります。降水確率も同じで、値が大きければ大きいほど、雨に対して、より一層の警戒が必要となります。

降水確率は、あらかじめ求めておいた数値予報の予想値と実際の観測値との統計的関係式を使って、数値予報の予想値から計算されます。降水確率が30％と発表した例を多数集めると、それぞれの事象については降ったか降らなかったかの一方のみの結果となりますが、全体として見ると、ほぼ30％の割合で雨が降っていることになります**（図49-1）**。100％のときは80～90％と多少差が出るものの、降水確率予報の値が大きければ大きいほど、実際に高い確率で雨が降ります。

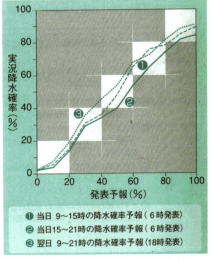

図49-1　降水確率予報の評価例

　降水確率の一番有効な使い方は、降水による損害を防ぐ対策費C（コスト）を、降水による損害額L（ロス）で割った値、コストロス比C/Lを求め、降水確率がこの値より大きいときのみ対策をとるというものです。対策費が安いか、損害額が大きい場合は、C/Lは小さくなりますので、降水確率が低い場合から対策をとります。逆に、対策費が高い場合や損害額が小さい場合は、C/Lは大きくなりますので、降水確率が高い場合にのみ対策をとります。降水確率は0と1の間の値しかとりませんので、C/Lが1より大きい場合は、いつも対策をとらないことになります。

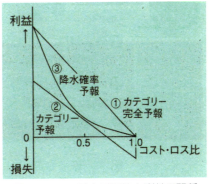

図49-2　コストロス比と利益の関係（イメージ図）

　実際には、損害額や対策費が求めにくいことも多いのですが、考え方は同じです。降水確率予報が100％に近いときは常に雨具を用意し、50％以下のときには雨によって非常に困る場合、例えば晴れ着を着ていたり、風邪を引いているときだけ雨具を用意するというように使い分けられるでしょう。

知っておくべきお天気情報のツボ

　降水があるかないかといった予報（カテゴリー予報）にしたがって対策をとったりとらなかったりすると、予報が完全な場合（カテゴリー完全予報）では、①のように、コストロス比に応じた利益がでます**（図49-2）**。しかし、実際の予報では、ときどき予報が外れることがあるので、利益は②のように小さくなりますが、コストロス比を考えて降水確率予報を利用すると、③のように、いつも②よりは利益が大きくなります。特に、コストロス比が小さい場合は、降水確率予報のメリットが大きいということに注目してください。

50 6時間先から15時間先へ「降水短時間予報」

　レーダーと雨量計のそれぞれの長所を生かしたのが解析雨量は、レーダー単独の場合に比べて精度が高くなり、雨量計の観測網にかからないような局所的な強雨も把握することができるので、的確な防災対応に役立ちます（46参照）。また、解析雨量は、降水短時間予報やナウキャストという情報量が桁違いに多い予測において、初期値を作成したり雨域の移動を求めたりするという重要な役割をしています。

　現在の解析雨量は、国土交通省水管理・国土保全局、道路局と気象庁が全国に設置しているレーダー、アメダス等の地上の雨量計を組み合わせ、30分ごとに降水量分布を1km四方の細かさで解析しています。例えば、9時00分の解析雨量は8時00分～9時00分、9時30分の解析雨量は8時30分～9時30分の1時間雨量となります。

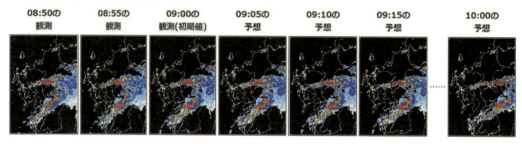

図50－1　降水短時間予報

　一般に6時間先までの予報を短時間予報としていますので、降水のきめ細かい予報が降水短時間予報です。降水短時間予報は、1988年（昭和63年）から始まったもので、解析雨量を初期値とし、解析雨量から求めた降水域の移動速度で外挿して将来の降水域を推定したり、コンピュータで物理方程式に基づいて計算した予報（数値予報）の予測値や地形データをもとに地形性降水を求めて補正し、1km四方の地域について、6時間先まで1時間ごとの降水量を予測しています（**図50－1**）。2～3時間先までは大気の状態変化は小さく、実況の外挿により比較的高い精度で予測可能ですが、この手法では予報時間が長くなると精度が急激に低下します。一方、6時間目以降は、数値予報の方が精度が高くなります。そこで、降水短時間予報は、予想時間の前半が実況外挿を主に、後半に行くほど数値予報モデルの比重が大きくしています（**図50－2**）。

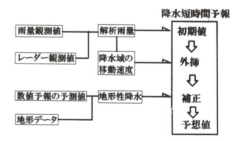

図50－2　降水短時間予報の予測手法

　降水短時間予報は、2019年（令和元年）6月からは、数値予報のうちメソモデルと局地モデルを統計的に処理した結果を組み合わせ、15時間先までの1時間ごとの降水を

1時間ごとに更新して予報しています。ただ、7から15時間先は5㎞メッシュです。大災害が発生しやすいのは未明に降る大雨の時ですが、6時間先までの予報の場合、18時に発表した降水短時間予報では、未明の大雨をカバーできず、寝る前にもう一度新しい予報を確認する必要があります。この時に危ないとなっても深夜の避難となって二次災害の危険性があります。それが15時間先の場合は、18時に発表した予報で翌朝までの状況が分かりますので、未明に危ないとなった場合は、寝る前の避難が可能になります。

51 現在がわかる1時間先の予報「ナウキャスト（降水・雷・竜巻発生確度）」

近年、数十分程度の強い雨で発生する都市型の洪水が増え、迅速な防災活動を行うために気象庁が2004年（平成16年）から始めたのがナウキャストです。降水ナウキャスト、竜巻発生確度ナウキャスト、雷ナウキャストがあります。

このうち、降水ナウキャストは、降水短時間予報より迅速な情報として5分間隔で発表され、1時間先までの5分ごとの降水の強さを1㎞四方の細かさで予報します。降水ナウキャストによる予測には、レーダー観測やアメダス等の雨量計データから求めた降水の強さの分布および降水域の発達や衰弱の傾向、さらに過去1時間程度の降水域の移動や地上・高層の観測データから求めた移動速度を利用します。予測を行う時点で求めた降水域の移動の状態がその先も変化しないと仮定して、降水の強さに発達・衰弱の傾向を加味して、降水の分布を移動させ、60分先までの降水の強さの分布を計算しています。この降水ナウキャストが2014年（平成26年）8月7日から高解像度になっていますが、気象庁ホームページでの降水ナウキャストの表示は2021年（令和3年）2月24日に終了し、現在は高解像度降水ナウキャストでの提供となっています。

雷ナウキャストは、解析は雷放電の検知やレーダー観測を基に行い、予測は、雷雲の移動方向や雷雲の盛衰の傾向を考慮して行われ、雷の発生領域を、活動度2から4で表現し（4が一番激しい雷活動）、雷の可能性のある領域を活動度1として表現しています（図51-1）。

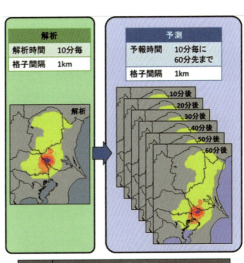

図51-1　雷ナウキャストの説明図

竜巻発生確度ナウキャストは、気象ドップラーレーダーの観測などから、「竜巻が今にも発生する可能性の程度」を推定するもので、竜巻の発生確度を10km格子単位で解析し、その1時間後（10～60分先）までの予測を行い、10分ごとに更新して提供します**（図51－2）**。発生確度1より2の領域の方が発生しやすく、発生確度2が発表されている地域には竜巻注意情報も発表されます。発

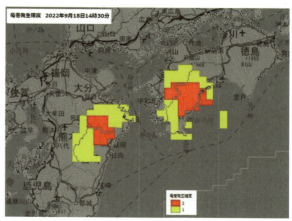

図51－2　竜巻発生確度ナウキャストの例

生確度2の領域での適中率は7～14％、捕捉率は50～70％であり、発生確度1の領域では適中率が1～7％、捕捉率は80％程度です。一般に、発生確度1の領域は発生確度2の領域より適中率は下がりますが、捕捉率は高くなって見逃しの事例が少なくなります。

> **コラム　取りに行けば詳細な情報が入手できる時代**
>
> 　テレビなどのマスメディアでは伝えきれない降水短時間予報やナウキャストなど膨大な情報はインターネット等で取りに行けば入手できる時代です。取りにいっても情報が多すぎて使いこなせないなどの問題がありますが、自分の身を守るのに役立つ情報が、どこかにある時代になっています。ただ、これらは、インターネット等を使いこなせない高齢者にとっては、非常に高いハードルです。
>
> 　最近の大きな災害における死者を、年齢別にみると、高齢者の割合が特に大きくなっており、高齢化が大きな問題となっています。
>
> 　そこで提案です。祖父母など、親しい高齢者の住んでいる場所の防災情報をインターネット等で調べ、電話をしてみてください。
>
> 　高齢者でも過去に経験したことがない現象が起きる時代ですので、体をいたわってほしいとの電話です。最新の技術を使って、自分のために調べてくれた電話は、うれしいと思いますし、元気で会えたときの楽しい話題になると思います。

52　雲の中の雨粒の移動まで計算する「高解像度降水ナウキャスト」

　高解像度降水ナウキャストは、気象庁のアメダスやドップラーレーダーの観測に加え、国土交通省や地方自治体などが保有する雨量計のデータ、国土交通省Ｘバンドレーダ（XRAIN）のデータなども活用し、降水域の内部を立体的に解析して予測するもので、こ

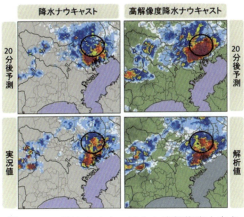
図52−1 降水ナウキャストと高解像度ナウキャストの比較（2014年6月29日16時00分を初期値とした20分後の予測値の比較）

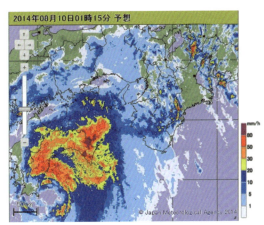
図52−2 高解像度降水ナウキャストの例（平成26年8月10日1時15分の30分前に行った予想）

れまでできなかった積乱雲の発生位置を推定する手法も導入しています（図52−1）。実況に近い強雨域を表現することができますが、データ量の増加をもたらしますので、速報性を考えて250ｍという高解像度となっているのは陸上と海岸近くの海上についての30分先までです（これ以外は1kmの解像度）。降水ナウキャストよりさらに細かい予報で、降水ナウキャストと違って、二次元的手法ではなく、三次元的手法で外挿し、さらに予測後半にかけては、湿度や気温分布等から雨粒の発生・落下等を計算する対流予測モデルを使っていますので、新たに発生する積乱雲・降水域もわかります。

図52−2は、2014年（平成26年）7月29日に発生した台風11号が、「強い台風」の勢力を保ちながら8月10日6時過ぎに高知県安芸市付近に上陸したときのものです。

53 利用しやすい「地域時系列予報」

1884年（明治17年）6月1日から始まった天気予報は長いこと対象とした地域に対して、「晴れのち曇」や「曇時々雨」など、カテゴリー予報と呼ばれる文章での予報でした。文章の表現は時代とともに変わりましたが、1996年（平成8年）3月1日からは地域時系列予報という新しいタイプの天気予報が始まっています。地域時系列予報とは、天気予報と同じ「一次細分区域」単位で、24時間先（17時発表は30時間先）まで図形式表示にしたものです。天気は3時間ごとの一次細分区域内の卓越する天気を「晴」「曇」「雨」「雪」のいずれかで、風向風速は、3時間ごとの一次細分区域内の代表的な風向を「北」「北東」「東」「南東」「南」「南西」「西」「北西」の8方位または「風向なし」で、最大風速を「0〜2m/s」「3〜5m/s」「6〜9m/s」「10m/s以上」の4段階で表現します。そ

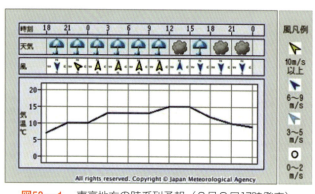 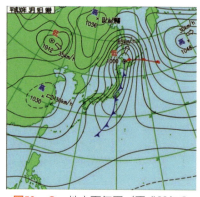

図53-1　東京地方の時系列予報（3月8日17時発表）

図53-2　地上天気図（平成30年3月9日9時）

して、気温は、一次細分区域内の特定地点における3時間ごとの気温を1℃単位で表現します（図53-1）。

　2018年（平成30年）3月9日は、ほぼ南北に延びている寒冷前線が首都圏を通過し、首都圏の朝の通勤・通学時間帯は、寒冷前線の東側にあたって強い南風が入って暖かくなり、強い雨が降りました（図53-2）。そして、夕方の通勤・通学時間帯は寒冷前線が通過して北風となり、寒気が南下しました。通勤・通学時の服装を非常に悩ませる大きな天気変化でしたが、地域時系列予報では、このことがよくわかると思います。

54　「気象情報」の役割は予告と補足

　気象庁が発表する防災情報には、「注意報」「警報」「特別警報」という予報と、「防災気象情報」という情報があります。「注意報」は災害が起こる旨を注意して行う予報、「警報」は重大な災害が起こる旨を警告して行う予報です。また、「特別警報」は、予想される現象が特に異常であるため、重大な災害が起こるおそれが著しく大きい場合にその旨を警告して行う予報です。「注意報」「警報」「特別警報」の発表基準は、市町村ごと（東京は23区ごと、いくつかの市町村はさらに分割）に異なっており、解除されるまで継続します。「注意報」「警報」「特別警報」を切り替えて更新すると、古いものは新しいものに切り替わった扱いになりますので、このときに継続していないと、解除されたと同じ扱いになります。

　これに対し、「防災気象情報」は、その都度発表され、「注意報」「警報」「特別警報」を予告する役割や、補完する役割を持っています（図54-1）。有効期間は発表から1時間となっている「竜巻注意情報」を含め、「防災気象情報」には解除というものはありません。予告や補完する役割といっても、「記録的短時間大雨情報」や「土砂災害警戒情報」はともに大雨警報の発表時に発表され、大災害の発生が懸念される「特に危険な大雨警

図54－1　各種の防災気象情報

名称	発表条件等
全般気象情報、地方気象情報、府県地方気象情報	警報や注意報に先立って呼びかけるためや、警報や注意報を補完するために発表し、対象範囲により3種類ある。
高温注意情報	最高気温が35℃以上のときに発表し、熱中症注意を呼びかけ
早期天候情報	7日間平均気温が平年値より「かなり高い」または「かなり低い」となる確率が30%以上と、10年に1回程度の出現を想定。
黄砂情報	黄砂飛来に関する実況と予報。
紫外線情報	紫外線に関する実況と予報でUVインデックス指数を使用。
記録的短時間大雨情報	大雨警報時に、さらに警戒を呼び掛けるために発表。
土砂災害警戒情報	気象庁と都道府県が共同発表で大雨警報時に発表。
指定河川洪水予報　氾濫注意情報（注意報に対応）氾濫警戒情報（警報に対応）氾濫危険情報（警報に対応）氾濫発生情報（特別警報に対応）	河川を指定した洪水予報で、気象庁と河川管理者（国土交通省または都道府県）が共同で発表。
竜巻注意情報	竜巻やダウンバーストなど激しい突風が対象で、雷注意報の発表時に発表し、有効時間が1時間。
台風情報	台風の実況と5日先までの進路・強度の予報。

報」であることを示しています。また、指定河川洪水予報の中の「○○川氾濫発生情報」は、特別警報と同じく、警戒ランク最上位の「警戒ランク5」に相当する情報です。

知っておくべきお天気情報のツボ

「注意報」「警報」「特別警報」「防災気象情報」にはいろいろな種類があり、しかも基本は市町村ごとの発表です。このため、膨大な量となります。このため、マスメディアなどでは、同一の内容であれば、市町村をまとめた区域ごとに表現されることが多いのですが、限界があります。インターネット等を通じて、対象とする市町村ごとに最新のものを入手する必要があります。

見出し文のみの気象情報と「これまでに経験したことのない大雨」

　気象庁では、2012年（平成24年）6月27日から、大雨・洪水警報や土砂災害警戒情報等で警戒を呼びかける中で、重大な災害が差し迫っている場合に一層の警戒を呼びかけるため、本文を記述せず、見出し文のみの短文で伝える気象情報の発表を開始しました（図54－2）。短文の気象情報は、気象台が緊急事態になっているという危機感を抱いて

記録的な大雨に関する熊本県気象情報　第6号
平成24年7月12日06時45分　熊本地方気象台発表
（見出し）
鹿本菊地、阿蘇地方を中心に、これまでに経験したことのないような大雨になっています。この地域の方は厳重に警戒してください。
（本文）
なし。

図54－2　「見出し文のみの短文情報」の例（平成24年7月九州北部豪雨）

いる状況であることを素早く伝えるためのもので、①過去の重大な災害事例の引用、②重大な災害をもたらす気象に関する短い解説、③住民の避難等への留意に係る記述、そして、④記録的な大雨の発生を記述する、という4つの場合があります。この短文の気象情報が最初に発表されたのが、2012年（平成24年）7月の九州北部豪雨で、そこで使われた「これまでに経験したことのない」という言葉が、ニュース等で大きく取り上げられました。気象庁では、1983年（昭和58年）8月から情報の利用を効果的に進めるため、情報文に見出しをつけ、1984年（昭和59年）10月からは、尋常ではない現象が発生していることを伝える記録的短時間大雨情報を発表するとともに、警報には「見出し的警告文」を付していますが、本文を記述しないというのは、初めての試みです。

55 コンピュータができるまではリチャードソンの夢だった「数値予報」

場所や高さによって異なる大気の状態は、三次元的な格子点ごとの風向や風速、気圧、気温、水蒸気量などで定量的に表すことができます**（図55-1）**。このように格子点上に表された気象要素の時間変化を物理学の法則を用いて計算し、将来の大気の状態を予想するのが数値予報です。しかし、これらの方程式は複雑に組み合わされており、膨大な計算量が必要な数値解析という方法を用いて解いています。数値予報という名前の由来です。このため、コンピュータができるまでは、数値予報を実用化するのは難しく、開発者の人名をとって「リチャードソンの夢」といわれました。

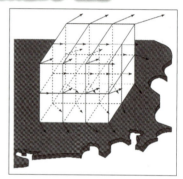

図55-1 数値予報のための格子の模式図

数値予報は1955年（昭和30年）、アメリカの気象局で定常的な業務として実用化されました。日本では、1959年（昭和34年）に当時としては世界最大級のIBM社製のコンピュータを使い、アメリカ、スウェーデンに次いで世界で3番目に業務としました。老朽化した気象庁の建物の更新より、海にものとも山のものともわからなかった数値予報の導入を優先したことに、大蔵省（現在の財務省）担当者は、あきれはてたという話が伝わっています。しばらくは精度が悪く、全く使い物になりませんでしたが、昭和50年代（1975年～）後半に入るとコンピュータの能力は飛躍的に向上し、また、気象衛星などによる観測網も充実してきました。さらに、数値予報技術そのものが進歩したこともあって実用的なものとなり、現在は、数値予報を欠いては、天気予報は成り立たないところにまで進歩しました。

数値予報は、その利用目的によって、いくつかの種類（モデル）があります。2017年（平成29年）3月現在、数時間～9時間先の大雨や暴風などの災害をもたらす現象の予報には2km格子の局地モデルと、5km格子のメソモデルを、1週間先までの天気予報には約

20km格子の全球モデルを使用しています。一般的に、この格子間隔を小さくすれば、予報期間を長くすればするほど、飛躍的に計算量が増えていきます。物理学の法則の数を増やし、より精密に適用すれば計算量はさらに増えます。研究のためなら良いのかもしれませんが、天気予報に使うためには24時間先を計算するのに24時間はかけられません。電子計算機の能力から、数値予報の予測精度の上限が決まっています。

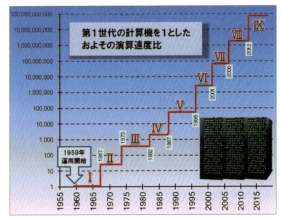

図55－2　気象庁のコンピュータの演算速度の推移

　1959年（昭和34年）に導入した最初の電子計算機の演算速度を1とすると、2012年（平成24年）6月に導入された第9世代の電子計算機では、約1,000億倍（**図55－2**）、2018年（平成30年）6月5日に導入された第10世代の電子計算機は約1兆倍の能力を持っています。第10世代の電子計算機により、2018年（平成30年）6月末には、6時間先まで可能だったきめ細かな降水量予測（降水短時間予報）を15時間先までに、台風強度予報の予測も3日先から5日先への延長が行われました。

知っておくべきお天気情報のツボ

数値予報の精度は、大型計算機が導入したからといってすぐにあがるものではありません。新しい計算機を使った技術開発ができ次第、改善された数値予報の導入ですので、予測資料を正しく使うためには、予測資料についての最新情報の入手が不可欠です。

56　予報の信頼度がわかる「アンサンブル予報」

　アンサンブル予報は、従来の天気予報が一つの初期値から出発する単独予報であるのに対して、実況値にごく近い複数の初期値から出発する複数個の数値予報を行い、それを統計的に処理することにより、よりたくさんの情報を得ようとするものです。アンサンブル予報では、初期値や予報結果をある決まった値と考えるのではなく、ある拡がりをもった有限個（メンバー数）のかたまりと考えます（**図56－1**）。そして、全

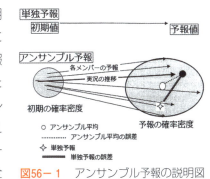

図56－1　アンサンブル予報の説明図

メンバーの中で平均をとったり、予報結果の類似している物同士を（集めてグループに分け、その平均をとったりします。グループごとの平均のばらつきが小さいほど、信頼度（スキル）が高いことに相当しているからです。このように、アンサンブル予報結果に基づき、統計的な処理をすることで、最良の予報値や予報誤差などを推定することができます。

アンサンブル予報の例：2017年（平成29年）3月11日21時の場合

図56－2は、気象庁が専門家向けに提供している週間天気予報支援図の一部です。

2017年（平成29年）3月11日21時の観測値をもとにしての8日先（192時間先）までの予報図で、気圧が500hPaになる高さが5,400mや5,700mなどの切りの良い数字の特定高度線の各予報の集合体をみたものです。グループごとの平均をみる

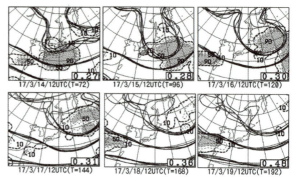

図56－2　週間天気予報支援図（平成29年3月11日21時の予報）

と、どれも、週の前半は蛇行が大きく、特に4日先（96時間後）には日本付近が深い気圧の谷に入りますので、このタイミングで冬型の気圧配置が強まり、強い寒気が南下することを示しています。また、この気圧の谷は、大きく蛇行しているものの、個々の予報のばらつきが小さく、信頼性が高い予報と考えられます。つまり、4日先に強い寒気が南下し、冬型の気圧配置が強まるのは信頼度が高い予報ということになります。

知っておくべきお天気情報のツボ

アンサンブル予報の利用は近年拡大しています。**図56－3**は台風進路予報のアンサンブル予報ですが、これをもとに予報円の大きさが決められていますので、台風の進路予報は、信頼度が分かるものが付いた予報ということができます。

図56－3　台風進路のアンサンブル予報の例（2013年10月19日3時を初期値とする台風27号の予報）

57 東京と大阪だけの「木枯らし1号」

秋が深まると、低気圧の通過後に木枯らしが吹きます。木枯らしは凩とも書きます。

気象庁では、関東地方（東京）と近畿地方（大阪）について、最初に吹いた木枯らしを「木枯らし1号」として、情報を発表し、メディアも大きく報じます。日本人にとってなじみ深い言葉なので、普段から使われていますが、気象庁のいう木枯らしには定義があり、東京と大阪ではその定義が違います。西高東低の冬型の気圧配置のときに最大風速が8m/s以上というのは同じですが、東京では10月中頃から11月30日の間で北～西北西に吹く風というのに対し、大阪では二十四節季の霜降から冬至の間で、北北東～西北西に吹く風です。この定義に該当する風が発生しない場合は、「木枯らし1号の発生なし」です。東京の一番遅い「木枯らし1号」は2003年（平成15年）の11月17日ですが、大阪は12月も該当期間ですので、2003年（平成15年）12月19日など12月にも「木枯らし1号」の発表があります（**図57-1**）。なお、木枯らし1号のあとに木枯らしが吹いても、木枯らし2号とか3号とかは言いません。最初だけの情報です。

図57-1　木枯らし一号が吹いた日

関東地方（東京）	一番早い日	一番遅い日
定義上	10月半ば	11月末
1951～2023年	10月13日（1988年）	11月28日（1969年、1981年）
近畿地方（大阪）	一番早い日	一番遅い日
定義上	霜降（10月23日頃）	冬至（12月22日頃）
1993～2023年	10月13日（1993年、2020年、2021年）	12月19日（2003年）

木枯らし1号は、統計がとられていませんので、平年日というものはありませんが、東京では11月5日頃、大阪では11月10日頃に吹き、最近は遅くなる傾向があります。特に、大阪では遅れが顕著で東京との差が広がる傾向があります。これは、地球温暖化により初冬の季節風が弱まったために遅くなり、それも季節風の南限に近い大阪での影響が明瞭なためと考える人もいます。

木枯らし1号の時の冬型の気圧配置は、真冬の冬型の気圧配置のときと違って、寒気の勢力が弱く長続きしませんが、季節は本格的な冬に向かいます。

知っておくべきお天気情報のツボ

「木枯らし1号」の情報は、冬支度のタイムリミットを示す情報として、スノータイヤの交換は済んでいるかなど、改めて冬支度を考えてみてはいかがでしょうか。

58 異常気象を早く伝える「異常天候早期警戒情報」

気象庁が発表する気象情報の一つに異常天候早期警戒情報があります。全国を11の地域に分け、その地域で高温や低温が5～14日先に30％以上の確率で現れると予想される場合に発表されるもので、2008年（平成20年）3月21日からスタートしました。中期予報に基づいて早期に顕著な気温異常の注意喚起を行い、災害の防止・軽減に向けて早期の対策を呼び掛けるもので、ここで使う階級区分は、図58－1のように敷居値が決められています。

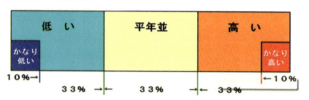

図58－1　異常天候早期警戒情報で使う区分

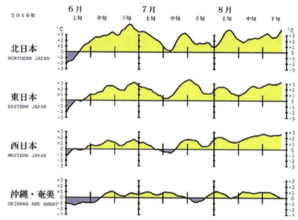

図58－2　平成22年夏の平均気温の平年差の経過（5日移動平均）

2010年（平成22年）夏（6～8月）の日本の3か月平均気温は、平年より1.64℃高く、統計を取り始めた1898年（明治31年）以降で最も高くなり、気象庁は9月3日に、専門家を集めた異常気象分析検討会を開いています（これまでの記録は、1994年（平成6年）の1.36℃）。特に、北・東日本では6月中旬以降は連続で気温の高い状態が続き、日最高気温35℃以上の猛暑日の日数は熊谷市で31日、熱帯夜日数は東京都千代田区で48日など、各地で聞いただけで暑くなるような記録が相次ぎました

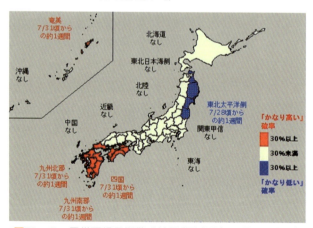

図58－3　異常天候早期警戒情報（平成25年7月23日発表）

（図58－2）。8月3日に発表された「高温に関する異常天候早期警戒情報は、「東北南部から沖縄にかけての地域では、8月8日頃から約1週間、気温が平年よりかなり高くなる確率が30％以上となっている。なお、関東甲信地方では、今後1週目から2週目にかけて気温の高い状態が続く見込み。」となっています。

災害事例

異常天候早期警戒情報には、高温に関するものと低温に関するものが同時に発表される場合があります。例えば、2013年（平成25年）7月23日の異常天候早期警戒情報では、東北地方の太平洋側では「かなり低い」、四国地方と九州・奄美地方では「かなり高い」という警戒をしています（図58-3）。8月12日に高知県四万十市で41.0℃を観測するなど、太平洋高気圧とチベット高気圧が重なって西日本を中心とした記録的な猛暑となりましたが、太平洋高気圧の縁辺部の東北地方では大雨によって被害が相次ぎました。

59 日々の予報の限界に挑戦「気温の2週間予報」

気象庁は、2週間先までの気温予報を、毎日14時30分にホームページで発表しています。1週間先までは日ごとの予報ですが、8日先から12日先までの予報は、その日を含む5日間（前後2日）の平均の予報です。これは、1週間より先になると誤差が大きくなるからです（図59-1）。

図59-1によると、12月4日からの1週間は、ほぼ全国的に気温が平年より「高く」、「かなり高い」日もあります。また、2週間目も12月14日までの気温予報は全国的に気温が高く、非常に高い時もあります。12月14日は東日本などでは「高い」となっていますが、全国的には「平年並」のところが多くなっています。これは12日から16日の5日間の平均気温であるからで、期間前半の高いと、期間の後半が低いがあっての平年並です。しかし、16日は北日本や西日本で「低い」がでてきます。これら

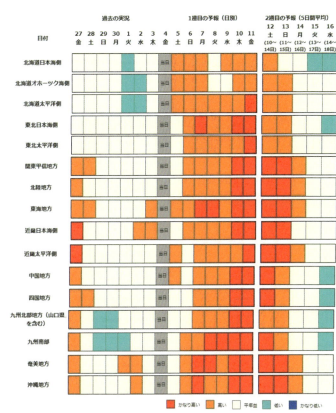

図59-1　気象庁の2週間気温予報（令和2年12月4日14時30分発表）

は、季節はずれの暖かさになった あと、14日頃から寒気が南下して くることを示しています。

　2020年（令和2年）12月の全国 の冬日（最低気温が0℃未満の 日）や真冬日（最高気温が0℃以 上の日）の観測地点数の推移をみ ると、12月14日以降、ともに急増 しています（図59－2）。気温の2週間予報のとおり、冬日は気温観測地点（全国920地 点）の60％を超え、真冬日も40％に迫る寒さとなりました。

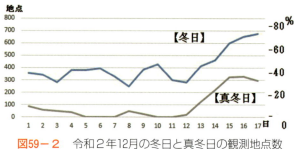

図59－2　令和2年12月の冬日と真冬日の観測地点数

災害事例

　日本列島に南下する寒気の目安として、上空約5,500mの気温が使われます。上空約 5,500mの気温が－30℃以下なら強い寒気、－36℃以下なら非常に強い寒気で大雪の可能 性もあります。2020年（令和2年）12月14日の週明けから南下してきた寒気は、北海道北 部では－36℃どころか、－42℃以下という、真冬でもなかなか出現しない強烈な寒気でし た。西高東低の冬型の気圧配置が強まり、群馬県みなかみ町藤原では12月15日16時から17 日16時までの48時間に199cmも降るなど、日本海側を中心に記録的な集中豪雪となってい ます。

知っておくべきお天気情報のツボ

　2週間先までの気温予報は、日ごとの値が予報されていますが、8日先からの予報 は、前後2日の平滑化されたものですので、極端に低い（高い）温度は出にくい予報 です。このため、「かなり低い（高い）」だけでなく、「低い（高い）」と発表されたら 要注意です。

60 高温注意情報から 「熱中症警戒アラート」へ

　2011年（平成23年）3月11日に発生した東日本大震災により、全国的に省エネルギーや 節電対策がとられています。福島第一原子力発電所の事故を受け、全国の原子力発電所が 一斉に発電を停止したためです。このため、気温の上昇による熱中症が問題となり、気象 庁では、同年7月から北海道と沖縄を除く45都府県で「高温注意情報」を発布することに しました。北海道と沖縄が除かれたのは、電力需給に余裕があったためですが、翌2012年

（平成24年）からは47都道府県に拡大となっています。高温注意情報の発表基準は、最高気温の予想が35℃以上の猛暑日になったときです。猛暑日を基準とすることはわかりやすいのですが、熱中症の危険性は、気温だけで決まるのではなく、湿度など含めた体感温度で決まります。

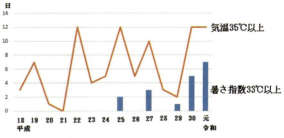

図60－1　東京における最高気温35℃以上（猛暑日）の日数と暑さ指数33℃以上の日数

　環境省では、2006年（平成18年）から、熱中症の危険性を示す「暑さ指数（20参照）」の情報提供をホームページで始めていますが、基準が分かりにくいこともあって一般への認知度が低く、あまり活用されていませんでした。そこで、環境省と気象庁は、広く情報を知ってもらい、熱中症で救急搬送される人を減らそうと2020年（令和2年）7月から「熱中症警戒アラート」を共同で関東甲信の1都8県で始めました。そして、2021年（令和3年）夏から全国に広がりました。暑さ指数31℃以上が危険ですが、熱中症警戒アラートの基準は、さらにその上の33℃です。そして、2024年（令和6年）4月24日より、熱中症による重大な健康被害の恐れがあると判断した場合に、より強い警戒を呼びかける「熱中症特別警戒アラート」が始まりました。発表基準は、暑さ指数が35℃以上です。

 暑さ指数の単位は℃と気温の単位である℃と同じです。このため、誤解を避けるため、暑さ指数は単位を省略して発表することがあります。

知っておくべきお天気情報のツボ

世界的に気温と湿度が高くなっており、日本も例外ではありません。このため、最高気温が35℃以上という猛暑日の日数の増加より、最高暑さ指数が33℃以上の日数の増加が目立っています（図60－1）。それだけ、熱中症警戒アラートの活用が期待されています。

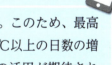

61　飛行機の安全航法のための「航空路火山灰情報」

　自然災害の対策は、その自然災害の予測（「いつ」、「どこで」「どのくらいの強さ」でおきるか）が、どの程度できるかによって大きく変わります。火山噴火の予報は、気象のように何日も前から予報はできませんが、直前であれば、ある程度の予測は可能になってきました。このため、火山活動についてレベル化を行い、24時間体制で監視を続け、少しでも異常があれば観測を強化し、「いつ」を絞ります。気象庁では、2007年（平成19年）12

月1日より、火山活動の状況を噴火時等の危険範囲や必要な防災対応を踏まえて5段階に区分した噴火警戒レベルを導入しました。

火山噴火の影響は、火山周辺だけにはとどまらず、火山灰などの火山噴出物は上空の風により広範囲に広がり、いろいろな影響を与えます。例えば、鹿児島のテレビ各局の

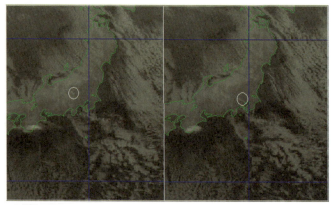

図61－1　平成21年2月2日の気象衛星ひまわりから見た浅間山の噴煙（左3時、右4時）

天気予報の最後には、桜島上空1,500mの風向・風速の実況と予報が放送されています。これは、上空の風向によって洗濯物を屋外に干すのをやめるなど、降灰による被害を減らす行動をとるためです。また、空中に浮遊する火山灰の中を飛行機が通過すると、機体に様々な損傷が生じて事故となる危険があります。このため、世界の9か所に航空路火山灰情報センター（VAAC：Volcanic Ash Advisory Center）が設けられています。カムチャツカ半島から東南アジアにかけての地域は、日本の気象庁が担当し、1997年（平成9年）3月3日から、航空路火山灰情報を発表しています。航空機は、航空路火山灰情報センターの情報をもとに、迂回するために必要な燃料を余分に積んだり、あるいは、安全のために欠航したりします。また、噴火の可能性がある火山近くの空港に着陸を予定している場合は、万一に備え、風上側にある空港に緊急着陸、あるいは出発空港に引き返すために必要な燃料を余分に積んで出発しています。火山防災のためには、火山に関する情報だけでなく、気象の情報も重要な役割をします。

⚠ 災害事例

気象衛星ひまわりは、2009年（平成21年）2月2日の浅間山噴火による火山灰などを含む噴煙（図61－1の中の円内の長さ約100km）が時速30km程度で南東進しているのを捕らえています。気象庁は、浅間山の監視から2月1日13時0分に浅間山の噴火警戒レベルを2から3に引き上げていますが、その13時間後の2日1時51分に浅間山が噴火し、吹き上げられた火山灰が房総半島まで達しています（図61－2）。JR東日本の八高線では電車が緊急停車をし、4本が運休となっていますが、幸いにも噴火は小規模でした。

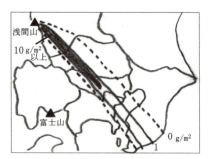

図61－2　平成21年2月6日の浅間山の噴火による火山灰が降った地域

知っておくべきお天気情報のツボ

火山と共生せざるをえない日本では、まず火山噴火から人命を守り、火山噴火が収まったら再び美しい国土に変えていくことが求められます。

62 中国大陸が乾いたために増えてきた黄砂に対する「黄砂予報」

黄砂は、東アジアの砂漠域や黄土地帯から強風で巻き上げられた多量の砂じんが偏西風に乗って運ばれ、中国東部、朝鮮半島、日本などにゆっくり降下する現象で、春に多く、空を黄褐色にし、視程障害などの被害をもたらします（図62－1）。

黄砂の飛来日数は、大陸の地表面の状態や上空の風に大きく左右されるために年ごとの差が大きいのですが、黄砂観測日数の月別平年値は、1998年（平成10年）は国内76地点の観測で4月7.6日、3月5.7日、5月3.6日でしたが、2008年（平成20年）は国内59地点の観測で、4月9.0日、3月6.9日、5月4.1日となっています。測候所閉鎖により観測地点数減少にもかかわらず、増加しています。これは、中国大陸の都市化や森林伐採で砂漠化が進んだためで、これからも黄砂は増加すると思われます（図62－2）。

気象庁では、交通機関や国民による適切な黄砂対策に資するよう、黄砂に関する観測の実況と予測の結果から、黄砂情報として、黄砂観測実況図を随時発表し、黄砂予測図（4

図62－1　黄砂の説明図（気象庁ホームページより）

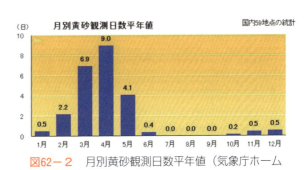

図62－2　月別黄砂観測日数平年値（気象庁ホームページより）

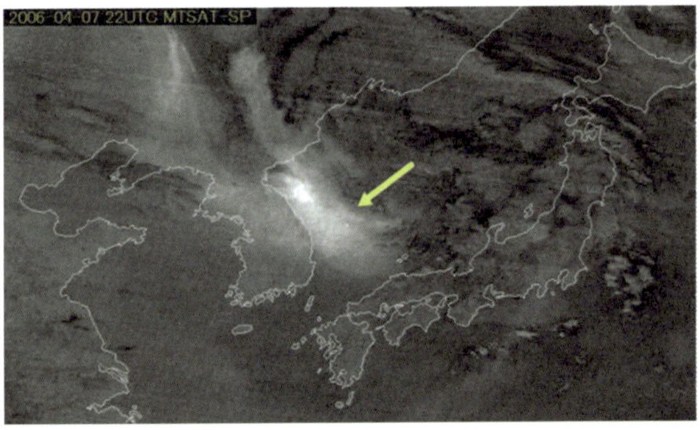

図62－3　黄砂2006040722UTC

日分の予想）を毎日6時頃頃に気象庁ホームページを通じて発表しています。

　発生初期の黄砂は、可視画像で灰色に写りますが、日本付近に到達する頃には黄砂が拡散して識別しにくくなります。黄砂は赤外線の波長により写り方に差がでますので、波長が約11マμmと、波長が約12μmの赤外線の画像の差をとると（赤外差分画像にすると）、黄砂域が鮮明な白色になります（**図62-3**）。

知っておくべきお天気情報のツボ

中国大陸からは、黄砂だけでなく、PM2.5も日本にやってきます。PM2.5は、自然起源で目で見える黄砂より粒径が小さく、目に見えない2.5μm以下の非常に小さい粒子で、喘息や気管支などの呼吸器系の疾患を引き起こすとされています。このため、中国の経済発展に伴う大気汚染によるPM2.5の増加は、対岸の火事ではありません。

コラム

日本でも始まった広域大気汚染

　春から初夏は日射が強く対流活動が活発になり、空中にほこりやチリがたくさん浮いて空は白っぽくなります。しかし、近年のアジアの経済成長に伴い、アジア上空に褐色雲（黄砂や大気汚染物質など、浮遊する微粒子が高密度に集まった褐色の雲）が目立ってきました。汚染物質が大気などによって発生源から遠く離れた地域に運ばれることを越境汚染といい、ヨーロッパや北米では早くから問題となっていました。

　光化学スモッグは、工場や自動車の排ガスに含まれる窒素酸化物などが太陽からの紫外線で化学反応を起こして発生するもので、日差しが強く風が弱い日などに大気中に滞留して、目やのどの痛みなどを引き起こします。日本では昭和40年代（1965年から1974年）をピークとして公害対策が進んで汚染物質の排出が減り、光化学スモッグがほとんど発生していませんでした。しかし、2007年（平成19年）5月8～9日には、九州北部から関東の20都府県で光化学スモッグ注意報が発表され（大分・新潟両県では観測史上初）、その後もときどき西日本を中心に広い地域で光化学スモッグ注意報が発表されました。大気には国境がありませんので、根本的な防災対策には国際協力が不可欠です。気象庁では光化学スモッグの発生しやすい気象状況が予想される場合にスモッグ気象情報を発表し、都道府県へ通知していますが、2010年（平成22年）春からは越境汚染も加味しました。

63 生命を守る「紫外線予報」

地表に届く紫外線の量は、季節や時間帯、場所によって大きく異なります。紫外線はビタミンDの合成を促すというメリットもありますが、紫外線のうち、UVBと呼ばれる有害紫外線は、肌にシミを作り、皮膚がんや白内障といった病気を引き起こし、動植物の生態系に悪影響を及ぼすおそれがあります。

近年、地表の動植物を有害紫外線から守っているオゾン層が、フロンガスによって破壊され、紫外線量が増えているのではないかと心配されています。事実、つくばの高層気象台での観測では、観測を開始した1990年（平成2年）以降、日最大UVインデックス8以上の日が10年あたり11日の割合で増えています。

紫外線は暖かくなるにつれて増えます。しかし、6～7月は梅雨のため紫外線の量は足踏み状態となり、梅雨が明けた8月が一番多くなります（図63-1）。

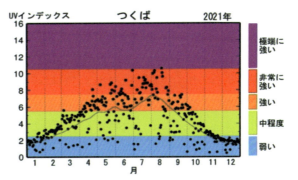

図63-1 つくばの2021年の日最大UVインデックスの推移（黒線は1990年から2021年までの累年平均値）

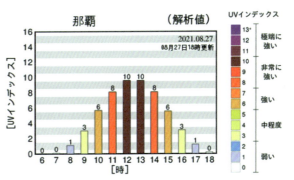

図63-2 UVインデックスの解析例（2021年8月27日の那覇）

気象庁では紫外線情報を気象庁ホームページに掲載しています。なお、この紫外線情報では上空から地表面に向かう紫外線の強度をUVインデックスで示しています（図63-2）。

なお、紫外線情報を最初に発表したのは日本気象協会で、1997年（平成9年）4月から「江の島海岸では12時から2時の間非常に強くなるでしょう」などと、紫外線の強さの予報を始めています。これは、天気や太陽高度、標高などの情報をもとに全国850地点で、1時間ごとに、紫外線の強さを4段階（弱い、やや強い、強い、非常に強い）に分けて予報するものでした。

紫外線は春から初夏が怖いとよくいわれます。紫外線の量は一番多い8月の8割もあるのに気温が上がっていないため、長時間屋外にいても夏ほど苦にならないからです。知らず知らずにたくさんの紫外線を浴びています。

64 桜の開花前線に似ている「山火事前線」

　桜前線は、桜の開花が同じ地点を結んで地図上に表したものです。桜前線は、3月下旬に九州南部〜関東南部の平野部から北上、あるいは、麓から山頂に向かって進み、5月のはじめに北海道に上陸します。桜前線と同じ頃に、同じように南から北へ、平地から山地へと移動するのが山火事前線です。これは、林野火災（山火事）が多発する地域を結んだ線のことです。山火事の原因はいろいろありますが、日本では落雷などの自然現象による山林火災はほとんどなく、人間の不注意によるものといわれていることから、春に多く発生します。これは、この季節は空気が非常に乾燥している季節（多くの地方で最小湿度の記録がでる季節）で、枯れ木や下草が乾いてくることに加え、雪が解けたことで山菜取りやハイキングなどで多くの人が山に入り始めるからです。また、草本の新芽が出ない早春には野山の枯れ草を焼く山焼きもあります。

春は野山で火を扱うことが増えることに加え、強風やフェーン現象、乾燥した日々が続くなど、いったん林野火災が発生すると大規模になりやすい季節でもあります。このため、毎年3月1日から7日は全国山火事予防運動期間です。

⚠ 災害事例

　大分県由布市湯布院町では、2009年（平成21年）3月17日に野焼きをしていたところ、急激に火が燃え広がって4人が亡くなるなどの事故が発生しました。当日は、移動性高気圧に覆われ、乾燥注意報が発表されていました（**図64－1**）。春先は山林火災で大きな被害が起きやすく、戦後最悪の山林火災の一つで、1971年（昭和46年）に18人の消防士が亡くなった広島県呉市の林野火災（340haが焼失）が起きたのも4月27日の移動性高気圧が通過中のことです。災害復旧工事作業員の焚き火の不始末で出火し、晴天で乾燥していたところに、最大瞬間風速

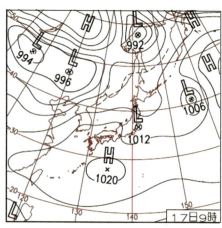

図64－1　地上天気図（平成21年3月17日9時）

14m/sという強風が吹くという悪条件が重なり、飛び火によって想定外の速度で急斜面を炎が下ってきたことによる惨事と考えられています。

知っておくべきお天気情報のツボ

桜開花のニュースが流れたら、山火事の危険性が高くなっていると、気象情報や設置されている湿度計の今一度の再確認が必要です。気象庁では、市町村長が発令する火災警報の基礎資料として、気象の状況が火災の予防上危険と認められるときに、都道府県知事に対して火災気象通報を行っています（知事はこの通報を受けたときは直ちに市町村長に通報）。火災気象通報の基準は、都道府県ごとに実効湿度（注）、最小湿度、風速により決められています。

（注）実効湿度は、柱などの木材の乾燥度を表するもので、当日の平均湿度と前日の実行湿度を用いて計算されます。

当日の実効湿度＝0.3×（当日の平均湿度）＋0.7×（前日の実効湿度）

コラム　天気予報という言葉は「食中毒に当たらない」から「弾に当たる」へ

　天気の変化をあらかじめ知りたいという要望は昔から世界中にあり、雲の様子や風の状態を手掛かりに予測が試みられてきました。それらの試みの集大成が、「夕焼けの翌日は雨」などの、天気に関する様々な諺です。

　科学的に天気予報が始まったきっかけは、17世紀にE.トリチェリが大気の圧力を観測する装置、気圧計を発明したことです。気圧計により気圧が日々変化し、一般的には気圧が低くなると雨、気圧が高くなると晴れるということがわかってきました。それ以上に大きかったのは、気圧が急に下がり始めると、必ず嵐がやってくるということがわかったことです。このため、気圧計は多くの船舶に積まれ、世界各地で使われるようになりました。各地で気圧の観測が行われるようになると、この観測データを集め、地図上に記入して天気図を作ることで、大気現象の研究が急速に進みました。また、この頃から通信技術が進歩し、短時間で観測データを集めることが可能となり、天気図を用いた暴風警報や天気予報の発表が試みられるようになりました。そんな中、1854年（安政元年）のクルミア戦争の時に、黒海にいたフランスの軍艦「アンリ４世号」が暴風雨によって沈没しています。フランスによる大規模な調査の結果、11月10日にイベリア半島で発生した低気圧が、12〜13日にオーストリアで強くなり、さらに発達して14日に黒海を襲ったことがわかりました。定期的に天気図を作って変化を追跡していけば、暴風雨の襲来を予想でき、被害が防げたということから、1858年（安政5年）にフランスで天気図がつくられ、天気予報が始まっています。

　日本でも、1883年（明治16年）3月1日から暴風警報発表業務のために日本付近の天気図が毎日つくられ、翌1884年（明治17年）6月1日からは天気予報が始まっています。最初に発表された天気予報は、「全国一般、風の向きは定まりなし、天気は変わり易し、ただし雨天勝ち」という、とても大雑把なものでした。というより、大雑把で精度の悪い予報しか発表できませんでした。そして、天気予報があまりにもあたらないことから、腐りかけのものを食べた時に「天気予報というと食中毒に当たらない」といわれました。

　しかし、日露戦争の頃になると、「天気予報というと弾に当たるのでよくない」と言われだします。天気予報の精度があがってきたために、「たまには当たる」ということですが、これには理由があります。中国に進出した日本人によって気象観測が行われ、その観測データが天気予報に使えるようになったらです。天気は西から変わってきますので、中国の観測データは重要でした。

　現在は、世界中と気象観測データを交換しており、予報技術も格段に進歩していますが、国民の要望が「より地域を絞って」「より時間を絞って」などと高くなっていますので、なかなか満点はとれません。

台風予報 3

65 「域内」で風速が17.2m/s以上の熱帯低気圧が台風

　熱帯低気圧のうち、北西太平洋（南シナ海を含む）で、域内の最大風速が17.2m/s以上となったものを「台風」といいます。ここでいう「台風域内」とは、地上天気図上で台風に伴う明瞭な低気圧性の循環が認められる範囲をいいます。風向・風速が組織的に連続性をもって解析できる場合で、一般には風速10m/s程度以上の範囲となります。台風の定義において、風速が17.2m/sと端数になっているのは、ビューフォートが作った風力階級と関係があります。風の強さを、波の状態などから求める風力階級（ビューフォート風力階級）は、船舶に風速計が積まれる前から、利便性によって広く使われるようになりました。そして、風力階級8は被害が発生しはじめる風「陸上では小枝が折れる風」であることから、熱帯低気圧のうち、風力8以上のものに対して、特別な人名をつけて警戒しています。これが、台風の最初の基準です。風速計が普及し、船舶に積まれるようになると、風速計で観測した34kn以上が風力8以上に相当することがわかり、台風の基準が34kn以上に変わります。さらに、メートルという単位が普及してくると、33.5kn（四捨五入をすると34kn）をメートルで表した17.2m/sが、台風の基準になったのです。

⚠ 災害事例

　気象庁の中で、「台風域内」の定義がはっきり決められたのは、1984年（昭和59年）に沖縄本島と宮古島の間を北上し、東シナ海から日本海に入った台風10号がきっかけです。上陸はしませんでしたが、暴風域が広く、しかも北上速度が遅かったため、那覇では8月16日から20日までの5日間も10m/s以上の強風が吹いています。被害は沖縄・西日本を中心に、北海道までの22道府県に及び、沖縄を中心に海・空の便の欠航

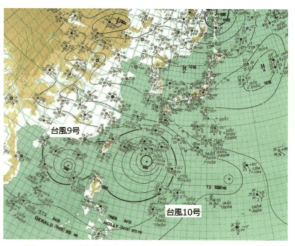

図65-1　地上天気図（昭和59年8月17日21時）

が長時間にわたっています。この時、台風域内の議論として、台風域内を循環の範囲とすべきだ、あるいは円形等圧線の一番外側とすべきだという意見があり、また、強風域や暴風域との関係をどうするのかという議論もありましたが、最終的には、上述の定義になっています。1984年（昭和59）年の台風10号は暴風域の範囲が750kmと広く、1,000hPaの等圧線も大きくて円形ではありませんでした（図65-1）。

知っておくべきお天気情報のツボ

気象庁がホームページで公表している予報用語では、「17.2m/s」を「およそ17m」とし、暴風域を「台風の周辺で、平均風速が25m以上の風が吹いているか、地形の影響などがない場合に、吹く可能性のある領域」としています。また、強風域を「台風や発達した低気圧の周辺で、平均風速が15m以上の風が吹いているか、地形の影響などがない場合に、吹く可能性のある領域」とし、強風域の半径が500km以上800km未満を大型、800km以上を超大型としています。半径が800kmということは直径が1,600kmですので、超大型の台風は、日本列島のほとんどが入ります。

66 海面水温27℃以上が目安「台風の発生」

　台風は空気中の水蒸気が水に変わる時に発生する熱（潜熱）をエネルギー源として、発達したり勢力を維持しています。このため、台風は空気中に水蒸気が豊富な場所、つまり海面水温の高い熱帯の海上で発生し、温帯・寒帯の海上や陸上で発生することはありません。むろん、台風の発生は、海面水温が高いという条件だけでなく、水平方向の風速差が大きいとか、上層と下層の風速差が小さいといった、いろいろな条件も必要でありますが、海面水温が大きな意味を持っていることにはかわりがありません。

　図66-1は、筆者が調査した台風の発生と海面水温との関係を示したものです。1951年（昭和26年）から1980年（昭和55年）の433個の台風についての調査ですが、全体の約半分は海面水温29℃から30℃の海域で発生しており、平均は28.6℃です。

　しかし、数が少ないとはいえ、この28℃でより低い温度で発生している台風もあります。1977年（昭和52年）10月13日21時に北緯34.8度で発生した台風15号では（**図66-2**）、海面氷温が23.4℃であるなど、緯度が高い所で発生した台風の中に

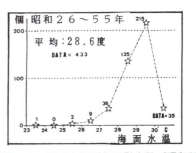

図66-1　海面水温別台風発生数（昭和26～55年の433台風について分類）
ここで、台風の発生した時の海面氷温としてその時の台風の中心の海面水温（半旬平均海面水温図から読みとった）を用いた。

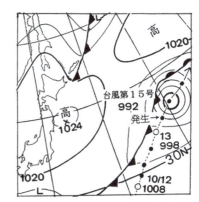

図66-2　一番低い温度で発生した昭和42年の台風15号の経路と地上天気図（10月13日21時）

は、比較的低い海面水温の所で発生しています。

図66－3は、緯度別に台風発生時における海面水温を見たものです。この図から北緯25度以南で発生する台風は、海面氷温が28.5℃から29.0℃の所で発生していることがわかります。つまり、この緯度帯では、夏になり海面水温が高くなって、この温度まで達した時に台風が発生しているわけなのです。しかし、北緯25度以北で発生する台風では、この温度に達していなくても発生しています。このことは、一口に台風といっても、緯度が高い所で発生した台風は、緯度の低い所で発生する多くの台風とは発生のメカニズムが多少異なっていることを暗示しています。亜熱帯低気圧（31参照）が含まれている可能性があります。

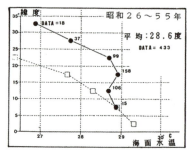

図66－3　緯度別の台風発生時における海面水温（図中●）と年平均海水温（図中□）（昭和26～55年の433台風について分類）

67 「暴風域」と強風域はいつから使用か

台風の解説図にはじめて暴風域が登場したのは、1954年（昭和29年）の朝日新聞であるといわれています。当時の担当記者である疋田桂一郎氏の話「天気相談所の人のアイデアでした」。

ところで、この「暴風」という言葉はいろいろな所で使われていますが、この言葉の統一した基準はありません。そこで、気象庁では、予報等で使う場合は「風速○○m以上の暴風」というように具体的に使用し、暴風域という場合も、できるだけ○○m以上の暴風域というような使い方をすることになっています（「予報作業指針」より）。

現在、台風情報等では「風速25m/s以上の暴風域」、「風速

課内通達　第35号
昭和49年10月16日

台風に伴う暴風域・強風域などの用語について

このことについて，使用上多少混乱があったが，今後下記の要領で運用されたい．

記

1．暴風域と強風域

風速25m／s以上の区域：暴風域．

風速15m／s以上の区域：強風域．

2．暴風域の使用

本文中において，例えば「四国地方は風速20m／s以上の暴風雨となっています」のように使用するのは差支えない．

課内通達　第18号
昭和50年６月３日

台風に伴う暴風域・強風域などの用語について（補足）

昭和49年10月16日付け課内通達第35号において……としたが，その運用に際し誤解を生じないよう下記の点を補足する．

記

1．以上は台風位置決定記録に限って混乱を招かぬよう，部内的に発表形式を定めたもので，天気相談所から部外に出る台風解説図なども，これに準じて使用するが，部外に強制するものではない．

2．また，台風位置決定記録以外の一般情報中その他解説等において，暴風圏，強風圏等の用語の使用を制限しようとするものではない．従って，いかなる場合も部外に強制するものではないことを承知されたい．

図67－1　昭和49年10月、及び50年６月の気象庁予報課の部内文書

15m/s以上の強風域」という使い方をしていますが、これが定着したのは、1975年（昭和50年）からのようです。というのは、1974年（昭和49年）10月と翌1975年（昭和50年）6月に気象庁予報課で**図67−1**のような課内通達が出されているからです。

　なお、風力階級表に対応する風の名称として使われている暴風は、風力階級10の風をさしています**（図67−2）**。ただし、風力階級表に対応する名称は、英文ではWMO（世界気象機関）が採用している名称ですが、和文については、気象庁が正式に採用しているものではありません。

　台風とは、北太平洋西部の熱帯の海で発生した低気圧（熱帯低気圧）の内、最大風速が17.2m/s以上にまで発達したものです。したがって、台風の中には、最大風速が25m/sの達しないか、達してもやっと25m/sという台風もあります。このような台風では、平均風速でおおむね25m/s以上暴風が吹いている範囲、つまり暴風域を持っていません。

　気象庁では、船舶向けの予報等では、**図67−3**のように、台風を最大風速によって3つに分けて予報等を行っています。暴風域を持たない台風というのは、この分類で、トロピカルストームと、シビアトロピカルストームのうちの一部（最大風速が25m/sぎりぎりの台風）です。そして、このように暴風域のない台風は、台風全体の約半分を占めています。

　「台風の東側は暴風域が広い」とか、「台風の進行方向に向かって右側が暴風域が広い」とよくいわれるように、台風の暴風域は台風中心からの方向によって距離が異なるというイメージを持つ人が多いと思いますが、暴風域を持っている台風のうち、実際に暴風域が方向によって異なるというのは、3割程度しかありません。北緯30度以北の台風に限っても、約4割と、暴風域が方向によって異なるというのは少数派です。

　それでは、暴風域がどの方向に広いのかというと、意外に感じるかもしれませんが、北

図67−2　風力階級に対応する風の名前

風力階級	風速(m/s)	英名	和名
0	0〜0.2	calm	静穏
1	0.3〜0.5	light air	至軽風
2	1.6〜3.3	light breeze	軽風
3	3.4〜5.4	gentle breeze	軟風
4	5.5〜7.9	moderate breeze	和風
5	8.0〜10.7	fresh breeze	疾風
6	10.8〜13.8	strong wind	雄風
7	13.9〜17.1	near gale	強風
8	17.2〜20.7	gale	疾強風
9	20.8〜24.4	strong gale	大強風
10	24.5〜28.4	storm	暴風
11	28.5〜32.6	violent storm	烈風
12	32.7〜	hurricane	颶風

図67−3　台風の分類

[和文]	[和文]	[基準]
熱帯低気圧	Tropical Depression トロピカルデプレッション	風力7以下 (17.2m/s未満)
台　風	Tropical Storm トロピカルストーム	風力8、風力9 (17.2〜24.5m/s)
	Severe Tropical Storm シビアトロピカルストーム	風力10、風力11 (24.5〜32.7m/s)
	Typhoon タイフーン	風力12 (32.7m/s以上)

第1章　気象現象名

第2章　気象観測と天気予報

第3章　台風予報

第4章　防災情報

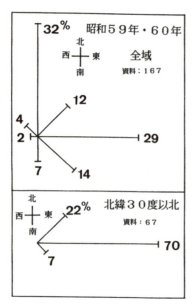

図67-4 暴風域が片方に広い台風について、広い方向の分布

図67-5 暴風域が大きい台風

順位	暴風域の直径	台風番号
1	950km	昭和59年台風22号、平成元年台風28号
3	850km	昭和56年台風24号、昭和58年台風5号、昭和62年台風20号、平成9年台風13号
7	800km	昭和55年台風18号、平成3年台風19号、平成10年台風10号
10	750km	昭和54年台風20号、昭和57年台風9号、昭和57年台風10号、昭和57年台風23号、昭和59年台風10号、昭和60年台風5号、昭和60年台風20号、平成元年台風25号、平成8年台風24号

であり、次いで東です（**図67-4**）。

　なお、台風についての統計がある1951年（昭和26年）以降、暴風域の直径が一番大きいのは、1984年（昭和59年）の台風22号などの950kmで、1984年（昭和59年）の台風10号は10位タイになります（**図67-5**）。

68 台風が発生しやすい海域が東進「マッデン・ジュリアン振動」

　2020年（令和2年）10月発生の7個の台風のうち、台風14号を除く、6個の台風は、発生した経度が次第に東に移動しています（**図68-1**）。対流活動の活発な領域が東へ移動する「マッデン・ジュリアン振動（MJO）」です。これは、1972年（昭和47年）にマッデン（Roland A. Madden）とジュリアン（Paul R. Julian）によって発見された、赤道上の

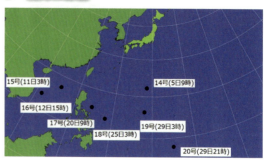

図68-1　令和2年10月に台風が発生した海域（台風14号から台風20号）

風と気圧に40日から50日の周期性のことです。おもにインド洋で発生する数千キロメートルスケールの巨大雲群が赤道に沿って毎秒5m程度の速度で東へ進み、多くは太平洋の日付変更線付近で雲は消滅する現象です。

2020年（令和2年）の国別台風上陸数をみると、一番多いのがベトナムの7個で、フィリピンが5個、中国（台湾を除く）、韓国、北朝鮮の順です（**図68－2**）。例年では、ベトナムと台湾は約2～3個上陸しますが、韓国や北朝鮮は2年に1個も上陸しません。中国は例年並みの4個上陸数ですが、ベトナム・韓国・北朝鮮は、かなり多い上陸数です。

図68－2　令和2年の台風の国別上陸数

7個	ベトナム	（3号、11号、15号、16号、18号、21号、22号）
5個	フィリピン	（1号、17号、18号、19号、22号）
4個	中国	（4号、6号、7号、16号）
3個	韓国	（5号、9号、10号）
2個	北朝鮮	（4号、8号）
0個	台湾	
0個	日本	

知っておくべきお天気情報のツボ

日本から遠く離れている熱帯域の気象でも、台風の発生・接近を通して日本に影響を与えますが、熱帯域ではほとんどが海で、気象観測データがほとんどありません。このことが、熱帯域から北上してくる台風の予測精度が悪い一因となっていますので、台風の進路予報は5日先まで発表されていますが、常に最新の台風情報の入手に努めてください。

69 ｜ 地球温暖化で増える「スーパー台風」

近年、「スーパー台風」という言葉が良く使われますが、誤解もあります。「スーパー台風」は、アメリカのJTWC（合同台風警報センタ

図69－1　気象庁の風速とJTWCの風速の換算表
（単位はノット）

気象庁	70	80	100	110	130	140	150
JTWC	80	100	120	140	160	180	200

ー）が独自に台風の解析を行い、最大風速が130ノット（65m/s）以上になったものに名付けた台風のことで、気象庁の基準ではありません。第一、気象庁の台風の解析とは違っており、同じ風速といっても、JTWCの風速は1分平均、気象庁の風速は10分平均です。平均をとる時間が短いと値が大きくなりますので、JTWCのほうがいつも大きな値です。ちなみに、3秒までの短くなった平均の風速が瞬間風速です。気象庁が台風作業で用いている換算表によると、JTWCの130ノットは、気象庁の105ノット（55m/s）に相当します（**図69－1**）。気象庁の台風の分類で最強は、10分平均で54m/s以上の「猛烈な台風」ですので、JTWCの「スーパー台風」は、気象庁の「猛烈な台風」にほぼ該当します。そして、このスーパー台風は、1975年（昭和50年）から1996年（平成8年）までの26年間では年平均が3.2個だったものが、1997年（平成9年）から2015年（平成27年）までの17年平

均で4.2個と、増加傾向です。

地球温暖化が進むと、台風の発生数は若干減るものの、発達した台風の数は増えるという、気象研究所の研究があります（**図69－2**）。スーパー台風そのものの増加に加え、海面水温が高くなると、台風が北上しても衰えにくくなります。約70年後には、スーパー台風の上陸数が4倍になるとの研究もありますので、より一層の防災対策が必要です。1961年（昭和36年）には、第

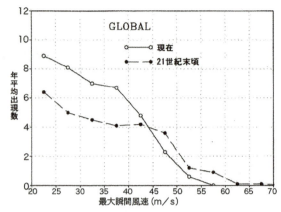

図69－2　地球温暖化が進んだ場合の台風発生数

二室戸台風で最大風速66.7m/s、最大瞬間風速84.5m/sを観測したことがありますが、このような台風の上陸が増える懸念があるのです。

 インターネットでいろいろな情報を入手できる時代となりましたが、数値の意味を正しく理解しないと誤った印象を受けますので注意が必要です。例えば、2015年（平成27年）で一番発達した台風13号の最大風速は、気象庁の解析で60m/s（10分平均で117ノット）、JTWCの解析では1分平均で155ノットと、数値の差が大きいように見えます。しかし、両者の解析の差は、実質的には10ノット以下の差でしかなく、それほど大きいものではありません。

スーパー台風という言葉が最初に使われたのは、1976年（昭和51年）のグアム島にあったアメリカ軍の合同台風警報センター（JTWC）の報告書で、この年の5月21日にグアム島を直撃した台風6号を「Super Typhoon」と記述しました。台風6号は、グアム島のA地点で最低気圧931.7hPa、B地点で最大風速71m/sを観測しました（**図69－3**）。台風の移動速度が時速5〜6kmと遅く、長時間の暴風でグアム島の建物は約半分が破壊されるなど、5億ドル以上（当時のレートで1,000億円以上）の大きな被害を受けています。このとき、グアム島で予報作業ができなくなったJTWCは、急ぎ横田基地に臨時台風センターを設置、以後5日間横田基地で台風予報を実施しています。な

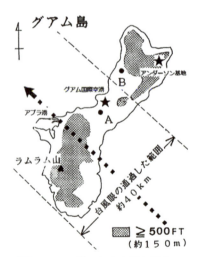

図69－3　グアム島と昭和51年の台風6号の眼

お、1997年（平成9年）12月16日に、スーパー台風28号がグアム島のすぐ北を時速15km位で通過し、アンダーソン基地では15時31分に最大瞬間風速205ノット（105.45m/s）を観測しています。世界で初めての105m/sという瞬間風速の観測です。ただ、暴風期間が短かったため、台風被害は1976年（昭和51年）の6号より小さなものでした。

知っておくべきお天気情報のツボ

地球温暖化の影響で約70年後には、スーパー台風の日本上陸数が4倍になるとの研究もありますので、日頃から最悪の事態を考えておく必要があります。

70 戦勝国のアメリカが認めた公職追放者の「藤原の効果」

　気象庁が発表する報道発表資料や、予報解説資料などに用いる用語に「藤原の効果」という言葉があります。これは、2つの熱帯低気圧がだいたい1,000km（熱帯低気圧の大きさや強さにより異なる）以内に接近した場合、それらが相互に作用して複雑な動きをする現象のことです。

　2つの渦の相互作用についての研究は、明治20年代（1887年～）の北尾次郎の理論研究から始まっているとされていますが、これを岡田武松が発展させ、1921年（大正10年）には藤原咲平が一般性を持った法則にまで拡大させています。しかし、台風の動きに関して、"藤原の効果"が言われだしたのは、戦後、米軍の飛行機観測によって台風の位置をかなり正確に求めることができるようになってからです。藤原咲平は、1947年（昭和22年）4月20日の第一回参議院議員選挙に立候補し、全国的に「お天気博士」として著名なことから当選確実と見られていましたが、太平洋戦争時に中央気象台長として戦争協力をしていたということで投票日直前に公職追放となっています。中央気象台職員は、アメリカ軍（進駐軍）の指揮下で仕事をしていましたが、このようなことがあっても、たびたび「Fujiwhara Effect」という言葉を聞き、きちんと良い技術を認めているアメリカの姿勢に感銘をうけたと言われています。

　藤原の効果は図70－1のように6つに分類されています。①相寄り型：一方の台風が極めて弱い場合、弱い台風は強い台風にまきこまれ急速に衰弱し、一つに融合する、②指向型：一方の台風の循環流が指向流と重なって、他の台風の動きを支配して自らは衰弱する、③追従型：初めは東西にならんだ2個の台風のうち、まず1個が先行し、その後を同じような経路を通って他の台風が追従する、④時間待ち型：発達しながら北西進している東側の台風が、北に位置するのを待って西側の台風も北

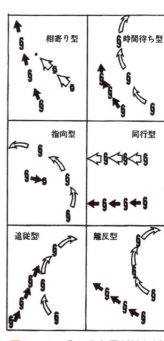

図70－1　2つの台風が並んだときの動き

上する、⑤同行型：2個の台風が並列して同じ方向に進む、⑥離反型：台風が同じ位の強さの場合に起き、一方は加速し北東へ、一方は減速して西へ進みます。

災害事例

1985年（昭和60年）の台風12号は、8月24日にマリアナ諸島近海で発生し、日本の南海上から東シナ海、日本海西部と複雑な動きをしています。台風12号は、8月28日に台風14号と、8月30日には台風13号と「藤原の効果」を起こし、相手の台風との中間にある点のまわりを時計回りに回転しています（図70－2）。

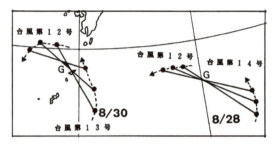

図70－2　藤原の効果（台風12号と14号、及び、台風12号と13号の場合）

台風が複数あるときは、藤原の効果により複雑な動きをし、予報誤差が大きくなりがちです。台風が1個の場合に比べ2個ある場合の誤差は1割増し、3個ある場合は2割増しという調査もあります。

71 秋が進むにつれて早くなる「台風の進行速度」

台風は、自分自身で北上する力はほとんどなく、周辺の風に流されて移動します。低緯度では上空の偏東風に流されて西へ、中緯度では上空の偏西風に流されて東へ進みます。周辺の風が弱ければ、動きはゆっくりで、複雑な動きになります。台風の平均の進行速度は21kmですが、時速40km以上の猛スピードの台風はおよそ9％です（図71－1）。また、台風は、緯度が高くなるほど速く、同じ緯度でも夏より秋の方が、それも秋が深まるほど速くなります（図71－2）。これは、高緯度ほど偏西風の影響を受けること、夏に比べ秋は上空の偏西風が強いことなどに対応しています。日本付近で台風の動きがゆっくりとなると、台風周辺の非常に湿った空気が同じ場所に長時間流れ込んで大雨災害が発生します。

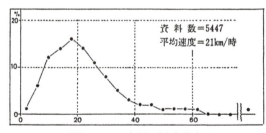

図71－1　台風の速度分布

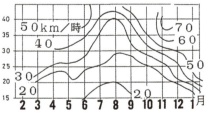

図71－2　月別・緯度別にみた台風の平均速度（縦軸は緯度）

災害事例

2011年（平成23年）の台風12号は、強い偏西風が日本海北部にあり、9月3日に高知県東部に上陸する前も後も加速することなく北上し、紀伊半島を中心に広い範囲で1,000mmを超えるという記録的な大雨となり大きな被害が発生しました。同年の台風15号は海面水温が高い黒潮の上を通りながら急発達をし、中心気圧が940hPa、最大風速が50m/sの非常に強い台風になりました。日本近海での急発達は珍しいことです。ただ、台風12号と違い、北緯30度付近まで北上すると、偏西風にのって速度を速め、21日14時頃に静岡県浜松市付近に上陸、強い勢力を保ったまま東海・関東・東北地方を北東に時速50km以上で進みました（図71－3）。上陸時の気圧は950hPaと関東・東海地方に上陸した台風では最強クラスで、首都圏は暴風雨となって大きな被害が発生しましたが、動きが速いため暴風や大雨は長引きませんでした。

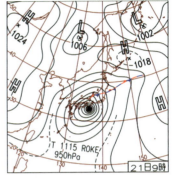

図71－3　地上天気図（平成23年9月21日9時）

ここがポイント　台風15号のように非常に強い台風に対する警戒はもちろんですが。台風12号のように動きが遅い台風も、非常に強い台風と同様の警戒が必要です。

知っておくべきお天気情報のツボ

台風の性質は千差万別です。気象庁や自治体の情報を、先入観を持たずに聴き、台風の影響そのものは長時間続かないということから、何もしない（安全なところから動かない）という対策も含めて、早めに対策をとることが重要です。

72 主要4島だけの「台風の上陸数」

気象庁では、台風の気圧が一番低い場所が、九州・四国・本州・北海道の上にきたときを「台風上陸」といいます。島の上の通過や、岬を横切って短時間で再び海に出る場合は上陸ではありません。台風の定義が「中心付近の最大風速が17.2m/s以上の熱帯低気圧」と決まった1951年（昭和26年）から一番早い上陸は、1956年（昭和31年）4月23日に鹿児島県大隅半島に上陸した台風3号です。また、一番遅い上陸は、平成2年11月30日に和歌山県白浜町南に上陸した台風28号で、あと8時間上陸が遅ければ、12月の上陸台風でした。

1951年（昭和26年）からの30年間では、上陸数の最大が5個、最小が1個と台風が上陸しない年はありませんでした。上陸数は2～4個（3.0±1.2）ということになります。1981年（昭和56年）からの30年間では、上陸数の最大が2004年（平成16年）の10個で、上陸しない年もあります**（図72－1）**。平均上陸数は少ししか増えていないのですが、上陸数は1～5個（2.7±2.1）と、年による差が大きくなっています。なお、2011年（平成23年）からの12年間では、最大が2016年（平成28年）の6個、最少が2020年（令和2年）の0個です。つまり、上陸数は2～5個（3.4±1.4）となっており、年による差が大きい状態が続いています。

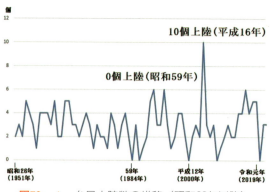

図72－1　台風上陸数の推移（昭和26年以降）

知っておくべきお天気情報のツボ

台風上陸は、数は少ないのですが、早春にも晩秋にもあります。真夏と違い、日本付近の海面水温が低いために衰えながらの上陸となりますが、暴風や大雨により大災害に結びつくことがありますので、油断はできません。

73 気象官署の場所から300km以内が「台風の接近数」

台風の接近とは、台風が上陸したかどうかにかかわらず、台風の中心が全国に約150か所ある気象官署等から300km以内に入った場合をいいます。例えば、小笠原諸島の気象官署は、父島気象観測所だけですので、小笠原諸島に台風が接近という場合は、父島にある父島気象観測所から300km以内に入った場合のことです。

台風は日本の南海上で発生し、日本付近に北上してくることから、南に位置する地方ほど春先にも多く接近し、年間の接近数も多くなります。また、日本への台風接近は放物線を描くことが多く、西日本への台風接近は7～8月、東日本への台風接近は8～9月が多くなります**（図73－1）**。

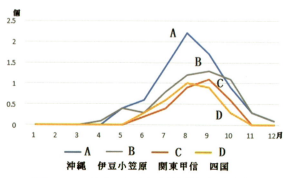

図73－1　地方ごとの台風接近数（平年値）

106

74 加速する場合の「温低化」が危険

台風のエネルギー源は、水蒸気が雨に変わるときに放出される熱エネルギー（潜熱）で、台風は水蒸気が豊富にある熱帯の海上で発生・発達します。これに対し、温帯低気圧のエネルギー源は、冷たくて重い空気が暖かくて軽い空気の下に潜り込もうとする位置エネルギーで、温度差が大きい場所（前線のところ）で発生・発達します。台風と温帯低気圧は、このように違うものですが、北上した台風は、寒気を取り込み、次第に温帯低気圧に変わります。これを、「台風の温低化」といいます。温低化する台風の中には、洞爺丸台風

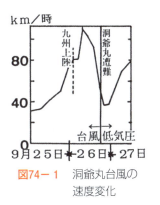

図74-1　洞爺丸台風の速度変化

のように、再発達する場合があります。この場合は、加速したあと減速し、減速しながら温帯低気圧に変わります。北日本にとっては、あっという間に近づき、なかなか去らない危険な台風です（図74-1）。

洞爺丸台風は、1954年（昭和29年）9月26日2時に九州南部に上陸し、日本海を発達しながら時速100kmという猛スピードで北上し、21時頃には北海度の西海上に達しました。このため、西日本・北陸・北日本に風水害をもたらし、函館港では出港した青函連絡船の洞爺丸が沈没して1,139人が死亡するなど、死者・行方不明1,698人、全半壊家屋3万棟、浸水家屋10万棟などの大惨事が発生しました。洞爺丸台風の被害は、各方面に衝撃を与え、青函トンネルが作られます。

 台風が温帯低気圧に変わると安心する人が多いのですが、性質が変わるだけで衰えるわけではありません。

⚠ 災害事例

1991年（平成3年）の台風19号は、東シナ海にあった9月26日には台風の眼がはっきり見えるなど台風の特徴をはっきり示していますが、北海道の南西海上に達した28日には、寒気を示す雲のない領域が台風の中心付近まで広がっ

図74-2　気象衛星ひまわり（平成3年9月26日15時、27日15時、28日3時の赤外画像）

ています（図74-2）。1991年（平成3年）の台風19号は、洞爺丸台風に似ており、9月27日に九州西部に上陸したあと、日本海を勢力を落とさずに、加速しながら北上しています。広い範囲で20m/s以上の強い風が吹き、全国で死者・行方不明60人、住家全半壊1万

棟、浸水家屋2万棟などの大きな被害が発生しました。この台風は、青森県で出荷予定の50万tのリンゴのうち35万tが落下するなど大きな被害があったことから、「リンゴ台風」と呼ばれることがあります。

知っておくべきお天気情報のツボ

気象庁では、2007年（平成19年）4月から、台風から温帯低気圧に変わっても、暴風を伴って災害を及ぼすような場合には、台風として情報を継続して発表します。台風は「腐ってもタイ風」です。形が変わっても油断しないことが重要です。

75 危険半円に対する「可航半円」は安全半円ではない（台風の眼）

台風の等圧線は同心円状となり、その間隔は中心に近いほど狭くなります。このため、台風は中心付近ほど風が強くなりますが、台風の中心付近の直径数10kmは、「台風の眼」といわれ、非常に発達した積乱雲の壁（眼の壁）で囲まれた風の弱い晴天域となっています。台風の中心からの距離が同じ場合、一般的には台風の進行方向右側の方が、左側より風が強くなっています（図75－1）。このことは、飛行機や気象衛星による台風観測が行われるはるか前から分かっていました。フィリピンのマニラや、中国の香港など、古くから気象観測が行われているところを、偶然、発達した台風が通過したときの観測を分析していたからです。一般的に、台風の進行方向右側（北上しているときは東側）は、進行方向左側（北上しているときは西側）に比べて風が強い理由は、台風全体を移動させる風Aと、台風自身の風Bが強めあうからです（図75－2）。このため、台風進行方向の右側を「危険半円」と呼びます。台風全体を移動させる風Aが強

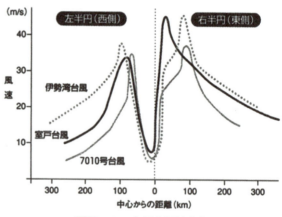

図75－1　台風の風速分布

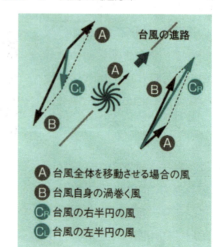

図75－2　台風の進路と風の模式図

108

ければ強いほど、つまり台風の進行速度が早ければ早いほど、右側は左側より風が強くなります。逆に、進行方向左側では、風Aと風Bが弱めあい、「可航半円」と呼びますが、誤解もあります。

　危険半円、可航半円という言葉は帆船時代にできたものです。帆船は動力が風ですから、台風の中心から逃れようとするときに、向かい風となる右側が「危険」、追い風となる左側が「可航」です**（図75－3）**。可航半円は、危険であってもとにかく可航半円に入り、追い風を利用してする脱出するという意味です。決して「航海できるほど安全」という意味で「可航」という言葉を使っているのではありません。左側でも、台風の中心付近では強い風が吹き危険です。台風の中には、左側の方が右側より強い風が吹くものもあります。

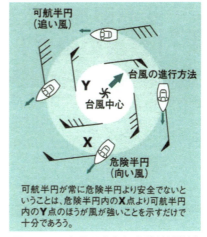

図75－3　台風の中心から船舶が逃げようとするときの風向

⚠️ 災害事例

　2004年（平成16年）の台風23号は、秋雨前線を刺激しながら大型で強い勢力で北上し、10月20日12時に高知県土佐清水市に上陸、本州中部地方を横断して太平洋へ抜けました**（図75－4）**。この年、10個目の台風上陸です。台風本体による強風・高波、さらに台風の北側にあった秋雨前線による大雨などが原因となり、全国で死者・行方不明者が98人という大災害になりました。また、台風中心の西側から北側にかけては強い風が吹き込み、北陸・山陰・九州北部で大きな風による被害が発生しました。この台風では、台風の進路方向左側で強い風が吹きました。日本海側の沿岸部では、右側は陸地を通って減衰した風、左側は海を通ってそのままの風が吹くことが多いことから、可航半円のほうが風が強いということは珍しいことではありません。

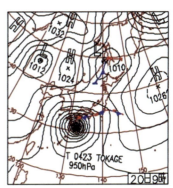

図75－4　地上天気図（平成16年10月20日9時）

知っておくべきお天気情報のツボ

台風の性質は千差万別で、教科書等で説明しているものはあくまで一般的な話です。このため、気象庁の発表する警報等の気象情報も、台風は一つひとつ違うということを意識しながら聞く必要があります。

109

76 安心感を与える言葉は使わない「台風の強さ」と大きさ

気象庁の発表する気象情報や警報では、「大型で強い台風」や「超大型で猛烈な台風」というように大きさを表現する言葉と、強さを表現する言葉をつけています。これは、昭和30年代（1955〜64年）後半から使われ、当時は台風周辺の風の観測が難しかったため、大きさについては主に1,000hPa等圧線の半径で分類し、強さについては主に中心気圧を用いて分類してきました。その後、気象衛星「ひまわり」により台風周辺の風を高い精度で解析できるようになったことから、1991年（平成3年）より台風の大きさと強さの分類を、それまでの気圧に重点をおいたものから、台風の大きさは、平均風速が15m/s以上の領域（強風域）の半径によって、台風の強さは、最大風速によって分類しています**（図76－1、図76－2）**。しかし、1999年（平成11年）8月14日の神奈川県の玄倉川水難事故（死者13人）を契機に、このような表現では、危険性を過小評価した人が被害に遭うおそれがあるとして、気象庁では翌年から一般利用者に安心感を与えないよう、「ごく小さい」「小型」「中型」「弱い」「並の強さ」の表現は使っていません。台風の一生を大きさと強さの分類から見ると、「ごく小さくて弱い」から始まって、大きさと強さのランクを徐々に上げてゆき、最盛期に達したあとは、大きさと強さのランクを下げますが、このとき、台風は弱くなってもなかなか小さくならないという傾向があります**（図76－3）**。

図76－1　台風の大きさの分類

階級	風速15m/sの半径
（ごく小さい）	200km未満
（小型）	200km以上300km未満
（中型）	300km以上500km未満
大型	500km以上800km未満
超大型	800km以上

図76－2　台風の強さの分類

階級	最大風速
（弱い）	17m/s以上25m/s未満
（並の強さ）	25m/s以上33m/s未満
強い	33m/s以上44m/s未満
非常に強い	44m/s以上54m/s未満
猛烈な	54m/s以上

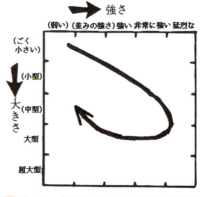

図76－3　台風の大きさと強さから見た台風の一生

⚠ 災害事例

2013年（平成25年）10月15日21時の台風26号は、潮岬の南約360kmにあり、強風域（風速15m/s以上の範囲）は東側750km以内と西側600km以内、平均で675km以内ですので「大型」、最大風速は35m/sで「強い」です**（図76－4）**。伊豆大島付近には、北からの寒気と台風のもたらす南からの湿った暖気の間に停滞前線が形成されています。台風の北上に伴って前線が形成されることは多いのですが、多くは暖気の流入がより強いために台風が北

上とともに、台風の北上ほどではないのですが北上します。しかし、台風26号の前面の寒気も強く、台風が接近しても伊豆大島の上から動きませんでした。大型で強い台風26号は、その後伊豆大島の南海上を通って房総半島沖を北上し、千葉県銚子で最大風速33.5m/sなど、関東地方の一部を暴風域に巻き込みましたが、アメダスの大島（旧測候所）では、前線による雨が降り続いて半日で日総雨量が300㎜を超えたところに、4時間で426㎜という記録的な台風の雨が降っています。10月の平年雨量が329.5㎜ですので、前線により1か月分の雨が降ったところに、台風の影響により4時間で1.5か月分の雨が降ったのです。同じ大島でも、4㎞ほど北にあるアメダスの大島北ノ山（大島空港）ではその半分の雨しか降っておらず、伊豆大島で800㎜以上の記録的な雨が降ったのは、ごく狭い範囲と考えられます（**図76－5**）。ただ、その強い雨が、伊豆大島で人口が多い元町地区でした。このため、大金沢と呼ばれる渓流などで発生した土砂崩れなどで死者・行方不明が46人という大惨事が発生しています（全国の死者・行方不明者は49人：消防庁による）。

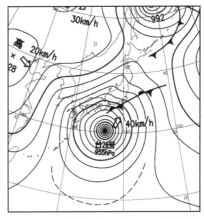

図76－4 　平成25年10月15日21時の地上天気図

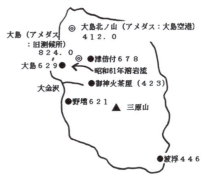

図76－5 　伊豆大島の2日間降水量（平成25年10月15～16日：●は東京都の観測所）

　伊豆大島の土石流被害が大きかった大金沢付近は、1338年（建武5年）の噴火で溶岩が流れ、固まった溶岩の上に、その後の噴火による火山灰や軽石が数ｍ堆積した場所です。火山灰は、乾いていると固く水はけが良いのですが、多量の雨水を吸い込んで土石流となると、通常の土石流より流れが早く、山から平坦部にでても遠くまで達します。2007年（平成19年）に設置した砂防施設は、外輪山中腹で発生し、溶岩上を滑り落ちた東西2㎞、南北200～400ｍという大規模な土石流には対応できず土砂があふれています。

知っておくべきお天気情報のツボ

台風の大きさと強さは、例えて言えば、人間を身長と体重で分類したものです。背が高くて体重が重い人は力が強いというように、簡潔な言葉で様相がある程度わかるというメリットがありますが、小さくても強い人もいますので、情報の中身をしっかり理解することが大切です。

77 事前にはわからない風台風と「雨台風」

　雨による被害が比較的小さく、風による被害が大きい台風を「風台風」といいますが、厳密な定義なく、便宜的に使われている用語です。これに対し、風による被害が比較的小さく、雨による被害が大きい台風を「雨台風」といい、これも厳密な定義はなく、便宜的に使われている用語です。

　一般に、風台風は夏期に多く、雨台風は梅雨期や秋雨期に多いと言われていますが、台風が接近している段階では、どちらの台風かはわかりません。ただ、2019年（令和元年）の台風15号は典型的な風台風、その約1か月後の台風19号は典型的な雨台風でしたが、接近前から、どちらの台風であるかは、ある程度の判断ができました。

風台風の例：令和元年台風15号（房総半島台風）

　2019年（令和元年）の台風15号は、9月5日15時に南鳥島近海で発生し、北西進しながら発達し、小笠原近海で強い台風になりました。その後、台風15号は小笠原近海で向きを北に変え、伊豆諸島に接近した8日21時には、さらに発達して、中心気圧955hpa、最大風速45m/sの非常に強い台風となりました。そして、9日3時前に神奈川県三浦半島を通過し、9日5時前に千葉市付近に上陸しました**（図77-1）**。

図77-1　台風15号の進路予報（9月8日3時の予報）

　気象庁が発表した5時の台風情報では、中心気圧960hPa、最大風速が毎秒40m/s、最大瞬間風速60m/sですので、千葉市に上陸した時点では、やや衰えていますが、これでも関東地方に上陸した台風としては、過去最強クラスです。

　関東に上陸した台風のうち、1951年（昭和26年）以降で中心気圧が一番低かったのが、2002年（平成14年）に神奈川県川崎市付近に上陸した台風21号と、1958年（昭和33年）に神奈川県三浦半島に上陸した台風21号の中心気圧960hPaです。したがって、2019年（令和元年）の台風15号は、関東上陸台風での中心気圧が低いほうの1位タイになります。

　強い台風15号により、最大瞬間風速（最大風速）は、千葉市中央区で57.5m/s（35.9m/s）、東京都神津島空港で58.1m/s（43.4m/s）、羽田空港で43.2m/s（32.4m/s）、横浜市中区で41.8m/s（23.4m/s）という、記録的な暴風を観測しました。暴風により送電線の鉄

塔が多数倒壊し、大規模停電が長期にわたりました。1都6県では一時93万軒が停電しましたが、このうち千葉県では64万軒が停電し、2週間経っても2,300軒の停電が復旧しませんでした。長期間の断水やバッテリーが常備されていた防災行政無線でもバッテリー切れで使えなくなるという事態も発生し、深刻な影響が長引きました。また、横浜市でも港の護岸が崩れ、工業団地への高波の浸水被害などが発生しました。台風15号による被害は、死者1人、全半壊・一部損壊5万7,592棟、床上・床下浸水家屋200棟と、浸水被害よりも、風の被害が圧倒的に多く、典型的な風台風でした。

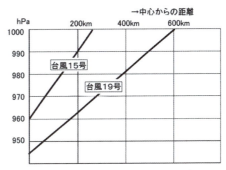

図77－2　台風15号のような小さな台風は風が強い説明図

　台風15号は、強さの割には大きさが小さい台風という風が非常に強い台風です。中心気圧が低い台風の場合は、大きさが小さいと図77－2のように気圧傾度が大きくなり、風が非常に強くなりますが、多くの人は「小さい台風は風が弱い台風」と誤解しがちです。加えて、小さい台風は、かなり近くにまで接近しないと大荒れにならないので油断しがちです。さらに、真夜中の接近であることから、気象庁では早めの警戒を呼びかけました。東海から関東南部にかけて、暴風域に入る確率は70％を超えるという予報でした（図77－3）。

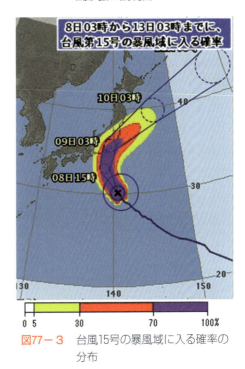

図77－3　台風15号の暴風域に入る確率の分布

　ただ、9月8日3時現在では、中心気圧が960hPa、最大風速が毎秒40m/s（最大瞬間風速が60m/s）と発達しているにも関わらず、最大風速が25m/s以上の範囲（暴風域）は90kmしかありません。このときの台風の進行速度が時速30kmですから、単純計算すると、台風中心が通った場合でも、暴風が吹き始めるのは3時間前で、少しずれた場所では、台風通過直前ということになります。

雨台風の場合：令和元年台風19号（東日本台風）

　2019年（令和元年）10月6日3時にグアム島のあるマリアナ諸島の東海上で発生した台風19号は、西進しながら発達し、7日18時にはマリアナ諸島において大型で猛烈な台風に発達しました。1か月前の台風15号が関東地方くらいの雲域だったのに対し、台風19号は東日本から北日本を覆うくらいのかなり広い雲域の台風です（図77－4）。雲域が広いと

台風による雨の時間が長くなり、総降水量が長くなりますので、雨に警戒すべき台風です。この台風19号は、その後北西に進路を変え、予報通りに日本へ接近しました**（図77-5）**。

10月に北上する台風は、日本の南海上の海面水温が真夏より低くなっているため、衰えてから接近することが多いのですが、2019年（令和元年）は海面水温が平年より高かったためにあまり衰えず、猛烈な台風で接近しました。

台風19号は、12日17時前に静岡県の伊豆半島に上陸しましたが、上陸寸前の台風は非常に強い大型の台風でした。台風の北側に分厚い雨雲が台風前面の東よりの風によって伊豆半島から関東西部の山地に吹き付けられました。

このため、神奈川県箱根の12日の降水量922.5mmは、これまでの日本

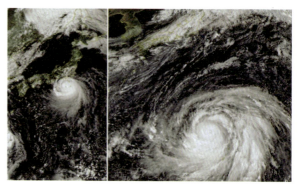

図77-4　台風15号（9月8日15時）と台風19号（10月8日15時）

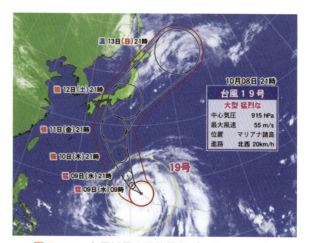

図77-5　台風19号の進路予報（10月8日21時）

記録であったの高知県魚梁瀬の851.5mm（2011年（平成23年）7月19日）を上回りました。台風19号により東海から東北まで広い範囲で大雨となり、11～13日の降水量は、神奈川県箱根994.5mmなどでした**（図77-6）**。

令和元年の台風19号により広い範囲で記録的な暴風や大雨となるおそれがあることから、気象庁では10日には東海から関東などの都県に大雨特別警報を出す可能性に言及した情報を発表しました。また、1959年（昭和34年）に伊豆半島から関東西部で大雨が降って、伊豆半島を中心に1,000人以上が亡くなった狩野川台風に似ているとも発表しました。

気象庁では、5日先までの警報級の現象がおきる可能性を、早期注意情報として、「高」「中」の2段階で発表しています。8日16時54分の早期注意情報では、11日の大雨警報が発表となる可能性は「高」も「中」もありませんが、12日になると、西日本から北日本の広い範囲で「高」や「中」がついています**（図77-7）**。また、暴風警報の可能性も、12日には、近畿から東日本、東北南部で「高」となり、13日には、「高」の範囲が東北北部まで広がるという情報でした。

これらの情報を受け、首都圏の鉄道各社は12日以降の計画運休に踏み切り、飛行機の欠

航等が相次ぎました。台風19号が直撃した12日は、東京都の江東5区（墨田・江東・足立・葛飾・江戸川）だけで165万人、21都県では1,000万人以上に対し、避難指示や避難勧告が出されています。このため、首都圏では、避難場所が押し寄せた人によってパンクする事態が起きています。

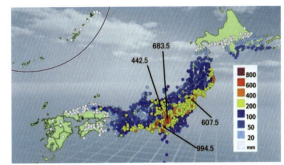

図77-6　全国の3日間の降水量（11月11日から13日）

　気象庁は、12日15時32分に東京都と群馬、埼玉、神奈川、山梨、長野、静岡の各県に大雨特別警報を発表し、その後も栃木、茨城、福島、宮城、岩手で大雨特別警報の発表が相次ぎ、広域関東圏と東北の13都県で発表になりました。平成30年7月豪雨（通称：西日本豪雨）のときの11府県での特別警報を上回り、過去最多の発表となりました。

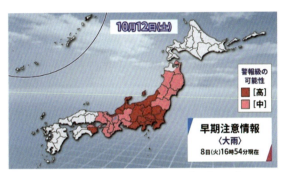

図77-7　大雨警報の可能性（10月12日）

　このため、広域関東圏と東北の太平洋側を中心に河川の氾濫が相次ぎました。長野県の千曲川や福島県の阿武隈川など国管理河川の12か所で堤防が決壊しました。このほか、都道府県管理河川の堤防決壊が67河川の128か所もあり、あわせて140か所で堤防が決壊しました。堤防の決壊に加え、川の水が堤防を越えて外に溢れ出す事態も相次ぎました。このような「外水氾濫」に加え、市街地に降った雨水が、増水して水位が高くなった本川に流れることができずに地表に溢れ出す「内水氾濫」も各地で発生しました。人的被害が大きくなる外水氾濫、被害金額が大きくなる内水氾濫が同時におきたのです。

　台風19号による被害は、風による被害も大きかったのですが、それ以上に雨による被害が大きく、典型的な雨台風でした。

　台風19号の被害は、低気圧による25日の大雨被害と合わせて、死者・行方不明者99人（この他に関連死1人）など大きなものでした。犠牲者の約半数が60才以上の高齢者であることや、死者の約半数が水没した車内で亡くなるという「車中死」という新たな問題が発生しています。

2019年（令和元年）の台風15号も、台風19号も台風の予報円は、これまでの台風の予報円より小さくなり、予報円のほぼ中心を通って台風が接近しています。台風は5日前から強さも含めて予報できる時代になっています。台風の様相は台風ごとに違いますので、先入観念を持たずに、台風情報をよく読んで警戒することが大切です。

78 台風の進路予報は扇形表示から誤差の大小を示す「予報円表示」に

　台風といえば、今では予報円が当たり前のように使われていますが、この予報円の成立過程は意外に知られていません。

　実は台風予報円が最初に使われたのは1982年（昭和57年）6月の台風5号からです。

　戦後の日本は、大きな台風災害が相次ぎ、大きな台風がきたら死者が4桁（1,000人以上）の惨事となっていました。それを何とか減らせないかと様々な努力がなされてきました。気象庁では、台風の進路予報を正確にする努力に加え、使いやすいように表示方法を工夫することも行われました。24時間先予報で、台風の進行方向だけでも、誤差幅をつけて表示（進行速度は難しいので一本の線で表示）するという、扇形表示という進路予報表示が考えられ、1981年（昭和56年）まで約30年間使われました**（図78－1）**。第二次大戦後の相次ぐ台風災害の中で、予報精度が非常に悪くても、何とか進行方向だけでも正しい予報を出して防災に役立てようとする当時の予報官たちの苦労の結晶が「扇形表示」です。

図78－1　扇形表示の例

　しかし、最初から大きな欠点を持っていました。それは、予報誤差には、進行方向と進行速度の2種類があるのですが、扇形表示ではその形から、進行方向の誤差が全くないかのような印象を与え、「台風はまだ来ないだろう」と人々に誤った判断をさせてしまったことです。そして、予報技術が向上し、広く利用されるようになると、進行速度に誤差がないと誤解して被害に遭うことが増えてきたため、進行速度の誤差も表示できる、予報円（台風が予想される範囲で予報誤差にほぼ対応）が考えられました。

　台風の予報誤差には、進行方向と進行速度の2種類がありますが、多くの例で調査すると、両方の誤差がほぼ等しく予報位置を中心とした分布となっています。精度の良い予報になればなるほど予報位置の回りに集中した分布となり、精度の悪い予報ほど周辺部にも広がっている分布となります。予報の精度を簡単に表すには、この予報位置のまわりにどのくらい集中してくるかということを示せばよいのですが、これには2通りの方法があります。一つは一定の割合が含まれる円の大小で表す方法**（図78－2のＡ）**で、もう一つは、予報位置の回りに一定の大きさの円を描

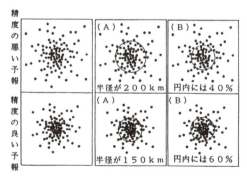

図78－2　台風の進路誤差を端的な数字で表す2つの方法（例えば、(Ａ)は70％が入る円の大きさ、(Ｂ)は150kmの円内に入る割合）

き、この円内にどれくらいの予報が含まれているかで表す方法 **(図78－2のB)** です。気象庁の発表する予報円表示の予報円は、表示の簡明さ、情報伝達の分かりやすさ等を考え合わせ、前者の方法、つまり、円の中に70％の予報が入るということで半径を決めた予報円を採用しています。

ところが台風予報の表示方式がそれまでの扇形表示から予報円表示に変わると、今度は台風の強さを表す表示がないため、予報円の大きな台風が強い台風であるとの誤解が生じてしまいました。そこで生まれたのが暴風警戒域です。現在の暴風警戒域は、予報した時刻に暴風域に入る範囲を示す円ではなく、ある時刻に暴風域に入るすべての範囲を囲む線に変わっていますが基本は同じです。

知っておくべきお天気情報のツボ

台風は日本の南海上で発生・発達してから襲来します。気象衛星で常時観測が行われ、5日先まで進路予報が発表されている現在では、不意打ちはありません。台風災害は防げる災害といわれている理由です。

79 年々小さくなる「予報誤差」

台風には年ごとに癖があり、進路予報が難しい年とそれほどでもない年がありますので、進路予報誤差は変動していますが、長期的にみると、確実に小さくなっています **(図79－1)**。予報円表示が始まった1982年（昭和57年）頃には、24時間予報の平均誤差が200km以上ありましたが、最近は100km以下と半減以上の減少です。1987年（昭和62年）からは48時間先まで、1997年（平成9年）からは3日先まで、1999年（平成11年）からは5日先までの予報が始まっています。5日予報が始まった頃の平均誤差は約500kmでしたが、今では約300kmに小さくなっており、1週間先の台風予報が実用化する可能性がでてきたのではないかと思います。私たちは1週間単位で生活していますので、1週間先の台風予報の利便性はかなりのものがあります。

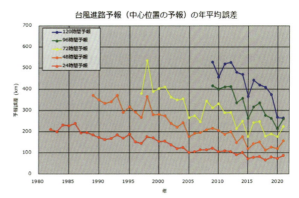

図79－1　台風進路予報誤差の経年変化（気象庁HPより）

このように平均誤差が小さくなった理由は、台風の進路予報のもととなっている数値予

報技術が改善したためです。スーパーコンピュータの飛躍的な性能アップに加え、気象衛星から観測された詳細な気象要素を取り込む技術が進んだことが数値予報の精度向上の背景にあります。飛躍的に観測能力が向上した「ひまわり」の打ち上げが計画されていますので、これからも、台風の進路予報の誤差は小さくなることが期待されています。

消防団職員へのアドバイス

　台風の進路予報で使われている予報円は、進路予報の精度を簡単に表すため、70%が入る円の大小で表す方法で、予報誤差の平均が小さくなると予報円が小さくなります。将来、進路予報精度がもっと向上すれば、予報円を省略し、予報円の中心位置のみの表示になるかもしれません。

80 | 世論調査で決めた「暴風警戒域」

　1982年（昭和57年）6月の台風5号から、台風予報の表示方式がそれまでの扇形表示から予報円表示に変わりましたが、台風の強さを表す表示がないため、予報円の大きな台風が強い台風であるとの誤解を生じていました。1985年（昭和60年）8月末に台風13号が九州に、台風14号が関東に接近したとき、マスコミ等で大きく取り上げられた台風14号より、勢力が強くて大きな被害をもたらしたのは台風13号でした。気象庁の発表した情報が利用者まで確実に伝達されなかったり、伝達されても正しく理解されていないとの指摘があったため、台風の進路予想図についての意向調査（対象は、関係公共機関・伝達機関・台風の影響を強く受ける業種の団体・事業者・一般利用者）を行い、気象審議会の審議を経て暴風域（平均風速が25m/s以上の暴風が吹いている範囲）と暴風警戒域（台風の中心が予報円内に進んだ場合に暴風域に入る可能性がある範囲）を表示するなど、1986年（昭和61年）7月の台風8号から現在まで用いられている表示方法の原形が作られました。1991年（平成3年）4月から、暴風警戒域は予報した時刻に暴風域に入る範囲を示す円ではなく、任意の時刻に暴風域に入るすべての範囲を囲む線に変わっています。

　予報技術としては同じ予報であっても、表示の方法によって、利用者の受けとりかたが大きく違います。図80-1は、1985年（昭和60年）の台風13号の24時間予報をもとに予報図を3種類表示したものです。扇形表示のAでは台風13号の中心が早ければどのあたりまでくるかはわかりませんが、予報円表示のBでは、早ければ有明海の入り口に台風中心が来ることがわかります。暴風域と暴風警戒域が表示されているCでは、Bで得られる情報に加え、台風13号は台風14号より勢力が強いこと、24時間後には有明海全体が暴風域に入っている可能性が高いことを示しています。

118

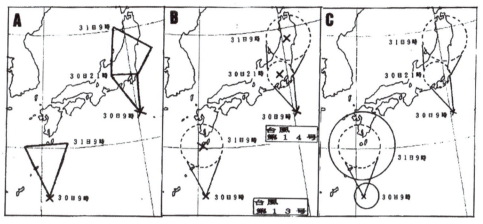

図80-1　昭和60年8月30日9時の台風13号と台風14号の予報図
A：昭和57年以前に使われていた方法（扇形表示）で書き直したもの
B：実際の発表（予報円表示）
C：昭和61年から用いられている方法（扇形表示＋暴風警戒域）で書き直したもの

災害事例

　1985年（昭和60年）の台風14号は北上して神奈川県横須賀市付近に上陸し、台風13号は北上して鹿児島県枕崎市に上陸して山陰沖に進み、台風12号は東シナ海で一回転したあと台風13号のあとを追うように山陰沖に進んでいます（図80-2）。台風13号が九州に上陸した際には、最盛期のカニ・エビ漁のため有明海に出漁していた地元の漁船14隻が遭難し、14人が亡くなり、大きな社会問題となりました。前後して日本を襲った3つの台風により、九州から北海道で死者31人、住家被害7,800棟、浸水家屋2,900棟などの被害が発生しました。

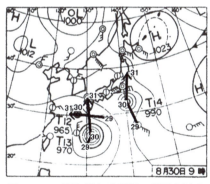

図80-2　昭和60年8月29～30日9時の台風位置

知っておくべきお天気情報のツボ

同じ情報でも、説明の仕方によって利用者の受け取り方が大きく変わります。情報は、発表したことで完結するのではなく、利用者に使ってもらい、効果が出たことで初めて活きます。このためには、利用者の目線に立った説明にこころがける必要があります。

81 台風の最接近時間がわかる「暴風域に入る確率」

　確率予報は、ある現象がおきる確率を示す予報です。気象庁が1980年（昭和55年）から始めた降水確率予報が有名ですが、1992年（平成4年）から「暴風域に入る確率予報」も始まっています。

　暴風域に入る確率は、ある地域が対象時間中に台風の暴風域内にある可能性を示す確率で、暴風域の大きさや予報円の広がりを考慮して計算したものです。1982年（昭和57年）に台風の進路予報表示が扇形から予報円にかわったことから予報可能となりました。1992年（平成4年）のスタート特点では、全国29の代表地点についての発表だけでしたが、2003年（平成15年）からは、全国の注意報・警報を発表する単位の約370の区域を対象として、3時間刻みの48時間先までの時系列の情報などが、2006年（平成18年）からは72時間先までの暴風域に入る確率を格子点ごとに計算し、面的に表示した「暴風域に入る確率の面的情報」の提供を始めています。「暴風域に入る確率予報」と「降水確率予報」の使い方の違いは、動画とスチール写真の違いに似ています。降水確率予報は、発表された確率を元に、降水による損害が大きい時や対策費用が小さい時には、小さな確率でも対策をとるように使います。「暴風域に入る確率予報」は、このような使い方に加え、きめ細かい予報が台風の進路予報が発表されるごとに更新されますので、確率の値の変化にも着目する使い方ができます。スチール写真では分からなかった表情の変化が動画ではわかるということに似ています。

　例えば、2019年（令和元年）の台風10号は、8月6日15時にマリアナ諸島で発生し、発達しながら小笠原近海で停滞しました。10日になると北西へ移動しはじめ、15日頃に西日本へ接近・上陸する可能性がでてきました（図81-1、図81-2）。3時間ごとに暴風域に入る確率が一番高い時間帯をみると、14日夕方（15時から18時）、確率の最大値は約20％となっています。暴風域に入る可能性が一番高い時間帯は、台風最接近の時間帯ですので、宮崎地区では14日夕方を中心に警戒が必要ということになります。その後、台風があまり加速せず、11日15時の予報では、宮崎地区への最接近が15日未明（0時から3時）と少し遅れたも

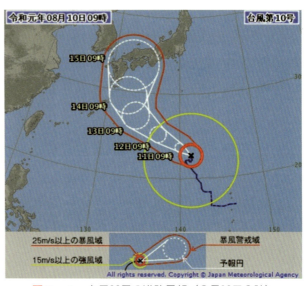

図81-1　台風10号の進路予報（8月10日9時）

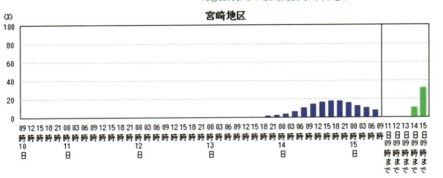

図81-2 気象庁ホームページに掲載された5日先までの宮崎県宮崎地区が暴風域に入る確率の時間変化（8月10日9時）

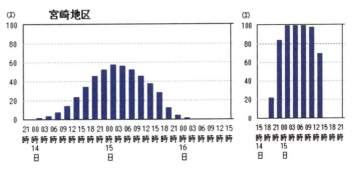

図81-3 時間帯ごとの宮崎県宮崎地区が暴風域に入る確率の時間変化（左：8月11日15時、右：8月14日15時）

のの、確率の最大値は60％近くまで高くなっています**（図81-3左）**。

　12日9時の予報では、宮崎地区への最接近は15日未明で、確率の最大値は約90％です。また、暴風域に入る確率分布図によると、台風10号により、今後5日（120時間）以内に暴風域に入る可能性が70％以上あるのは中国・四国・九州で厳重な警戒が必要ですが、東海・北陸でも暴風域に入る確率が5％以上あり注意が必要です**（図81-4）**。14日15時の予報では、15日0～3時、3～6時、6～9時の時間帯は暴風域の入る確率が100％で、15時以降は確率が0％です**（図81-3右）**。15日15時までは厳重な警戒が必要ということを示しています。

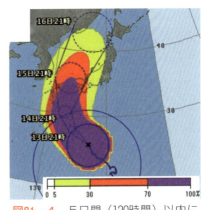

図81-4 5日間（120時間）以内に台風10号の暴風域に入る確率の分布図（8月12日21時の予報）

ここが
ポイント　地方ごとの暴風域に入る確率の最大値の時間帯があまり変化していないときは、安定して予報されていることを示しており、精度が良くなっていることを暗示しています。早い段階から継続して情報を入手し、その変化に注目です。

知っておくべきお天気情報のツボ

暴雨域に入る確率は、まめにチェックを繰り返さないと計画的、効率的な防災情動に結びつきません。チェックのたびに値が大きくなる時は、暴風域に入る可能性が高まり、防災活動を急ぐときですし、100％になった場合は、暴風域に入ったときです。

82 進路予報より難しい「強度予報」

台風予報には、台風の位置を予報する「進路予報」と、台風の強さ（中心気圧、最大風速、最大瞬間風速、暴風警戒域等）を予報する「強度予報」があります。このうち、台風の強度予報の精度については、台風発達・衰弱のメカニズムを予測する技術に加え、進路予報の技術に大きく左右されます。台風が冷たい海域に移動するのか、暖かい海域に移動するのかどうか、台風が上陸するかどうかで大きな差がでるからです。このため、強度予報は進路予報よりも難しく、2009年（平成21年）に台風の進路予報が、3日先から5日先までに延長されたとき、強度予報は3日先のままでした。このため、気象庁の台風予報図は、5日先までの進路予報のみを表示した

図82-1　平成29年（2017年）の台風18号の5日先までの進路予報（9月12日21時）

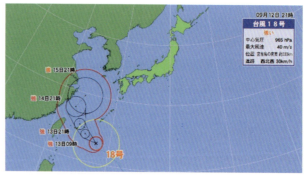

図82-2　平成29年（2017年）の台風18号の3日先までの強度予報と進路予報（9月12日21時）

ものと、3日先までの強度予報と進路予報を表示したものの2種類ありました（図82-1、図82-2）。

83 熱帯低気圧も5日先まで予報する「発達する熱帯低気圧の予報」

熱帯の海域では、積乱雲が次々に発生し、活発な積乱雲域ができています。過去の気象衛星センターの調査によると、活発な積乱雲でも24時間以上持続するものは全体の約34％、そのうち台風まで発達するものは約14％です。多くの活発な積乱雲域の中から、台風にまで発達するものを見

図83−1　令和2年の台風10号の進路予報（8月31日21時の予報と9月1日21時の予報）

極めることはこれまで難しい技術でした。現在、気象庁では、24時間以内に台風になると予測した熱帯低気圧を、「発達する熱帯低気圧」とし、情報を発表しています。この情報は、2020年（令和2年）9月9日15時までは、24時間先の予報まででした。つまり、2020年（令和2年）8月31日21時の「発達する熱帯低気圧」の予報は、小笠原近海の熱帯低気圧が24時間以内に台風になるというもので、日本に影響するかどうかは、分からないものでした（図83−1）。しかし、その24時間後、9月1日21時に熱帯低気圧が発達して台風10号が発生したときの予報は、5日先にかなり強い勢力で西日本に襲来するというものでした。2020年（令和2年）の台風11号以降から、24時間以内に台風になると予測された熱帯低気圧から5日先までの予報発表となりましたが、もし、台風10号のときから適用されていたら、熱帯低気圧発生の段階で、西日本に影響するとの情報が発表されたと思います。

気象庁では、2020年（令和2年）9月2日、「これから台風が発達して特別警報を発表するほどになる」との記者会見をしています。また、特別警報を発表する場合は、台風上陸の12時間前に発表すること、特別警報発表の24時間前に予告をするとしています。記録的な大雨、暴風、高潮、高波が発生するおそがあり、かなり前から警戒を呼び掛けるという異例の措置です。特別警報の発表基準は、災害の種類で違いますが、台風による特別警報の発表基準は、沖縄・奄美・小笠原を除く日本本土と周辺離島では、中心気圧930hPa以下または最大風速が50m/s以上の台風です。また、沖縄・奄美・小笠原諸島では、910hPa以下または最大風速60m/s以上の台風が来襲する場合です。特別警報を発表する可能性のあった台風10号は、中心気圧が920hPaまで下がり、台風の眼もはっきりしていました。

84 進路が似ている台風は似た現象が起きやすいことから「類似台風」

　発達した台風が接近すると類似台風ということが言われます。その台風と似た季節、似た海域、似た強さで、それまでの経路も似ている過去の台風のことで、その後の進路も、それがもたらす具体的な被害なども似ているのではと考えるのが、広く使われている理由です。類似台風を示すだけで、多くの人に過去に起きた惨事を思い出させ、具体的なイメージから、より一層の警戒をとるのに役立ちます。しかし、台風は一つひとつ違った顔を持つため、類似台風の使い方は、難しいものがあります。

　1991年（平成3年）の台風19号が沖縄本島の西海上を通過中の9月26日夕方、気象庁では1954年（昭和29年）の洞爺丸台風を類似台風とし、これから台風の接近する西日本のみならず、北日本でも早期警戒を呼びかけました（74参照）。台風は長崎県に上陸し、洞爺丸台風のように加速して北日本を襲いました。類似台風によって防災効果が高まったと評価されていますが、広い範囲で非常に強い風が吹き荒れ、60人が死亡しました。

　1959年（昭和34年）の伊勢湾台風襲来時は、前年の狩野川台風（死者1,269人）のような大雨が懸念され、類似台風は1953年（昭和28年）の台風13号でした。台風13号は知多半島付近を通過し、台風右側の三河湾などの沿岸では3m（左側の人古屋港でも2.34m）という高潮を観測した台風です（死者599人）。伊勢湾台風の高潮警報発表は台風襲来10時間前の9月26日11時15分で、過去最大級の高潮と考えられていました。しかし、名古屋港では、これまでの記録2.97m（1921年（大正10年））はおろか、日本記録の3.1m（1934年（昭和9年）の室戸台風時の大阪湾）を超える3.89mを観測するなど記録的でした。伊勢湾台風による全国の死者5,101人のほとんどが伊勢湾沿岸の高潮によるものでしたが、6年前に大きな高潮被害を受けた三河湾などの沿岸市町村では、速やかに避難して難を逃れています。

ここがポイント 類似台風は災害をイメージしやすく、防災対応がとりやすいというメリットがありますが、その反面、類似台風のイメージに引きずられて防災対応をする範囲が狭まるというデメリットもあることを意識する必要があります。

⚠ 災害事例

　2009年（平成21年）台風18号が北上して東海地方に接近中のとき、類似台風は伊勢湾台風といわれました（図84-1）。愛知県の高潮警報は沿岸で3mの高潮というものでしたが、三河港では3m15cmの高潮を観測し、豊橋市の神野埠頭でコンテナが流出するなどの被害が発生しましたが、名古屋港では1m49cmの高潮でした（図84-2）。

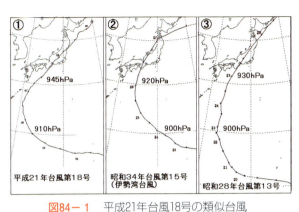

図84-1 平成21年台風18号の類似台風
(①台風18号、②伊勢湾台風、③昭和28年の台風13号)

図84-2 伊勢湾の高潮分布

> **知っておくべきお天気情報のツボ**
>
> 災害の様相、特に高潮災害の様相は、ほんのわずかなことで大きな差がでますので、「類似台風で高潮は大丈夫だ」と判断するのは非常に危険です。

85 防災の日は「二百十日」

毎年9月1日の「防災の日」は、関東大震災の発生した日ということで地震訓練がよく行われます。しかし、1960年（昭和35年）6月17日の閣議了解事項として「防災の日」が作られた直接のきっかけは、前年9月の伊勢湾台風（死者・行方不明者5,000人以上）と、その年5月のチリ地震津波（死者・行方不明者139人）です。そして、防災の日という考えも古くからあり、1949年（昭和24年）にキティ台風により死者・行方不明者139人などの被害が発生したあとに、大阪管区気象台長の大谷東平氏は、次のように提唱しています（図85-1）。

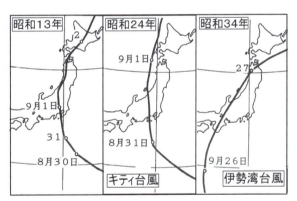

図85-1 防災の日と関係のある3個の台風

『9月1日は二百十日である。日本の国民全部が台風のことを思い出す日である。しかも、昭和13年と昭和24年には東京付近がこの日に台風の襲来を受け、二度とも高潮の被害まで受けている。また、9月1日は関東大震災の起こった日でもある。東京・横浜の大半

は震災に焼かれて、10万人の死者を出した日であるから地震の災害を思い出すのに最も意義のある日である。こんなことから、９月１日を「天災を顧みる日」とせよ…。』

　大谷氏があげた２つの台風は、ともに北上して東京湾のすぐ西側に上陸しています。東京湾で大きな高潮がおきるのは、このような場合です。キティ台風では、横浜港で停泊中の船舶26隻が転覆するなどの高潮被害がありました。

知っておくべきお天気情報のツボ

防災の日の設置目的「広く国民が、台風、高潮、地震、津波などの自然災害について、認識を深め、これに対する心構えを準備すること」を再認識することです。

立春から数えて210日目のことを「二百十日」といい、昔から台風に備える日とされてきました。この頃から大きな台風がくる可能性が高くなり、襲来した場合は収穫直前の稲に大打撃を与えるからです。防災の日、９月１日は多くの年で「二百十日」です。

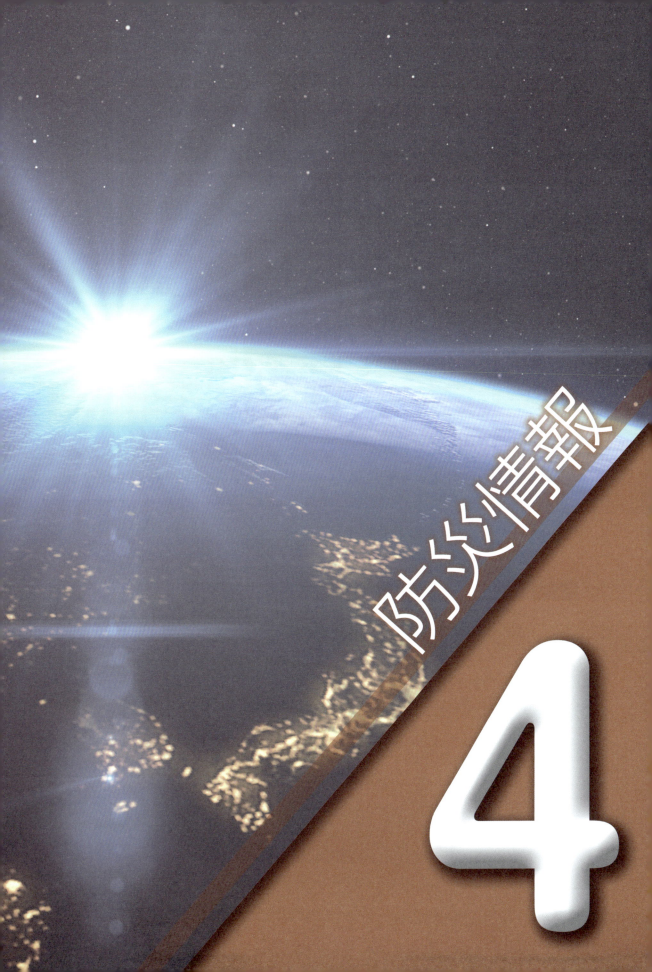

86 | パンドラの箱を空けた「特別警報」

気象庁では、2013年（平成25年）8月30日から「特別警報」の発表を開始しました。これは、予想される現象が特に異常であるため、重大な災害の起こるおそれが著しく大きい旨を警告する新しい防災情報です。日本の気象業務は、警報を中心に発展しており、天気予報、気象注意報などが加わって警報を補完してきました（図86−1）が、特別警報は補完ではなく、新設です。特別警報は4種類あり、津波等に関する特別警報、火山に関する特別警報、地震動に関する特別警報の3つについては、これまでも警報の中で分けられている基準をそのまま使います（図86−2）が、気象等に関する特別警報は新たに基準が設けられました。

日本の気象業務は、1872年（明治5年）8月26日（旧暦1872年（明治5年）7月23日）に北海道の函館に気候測量所が作られたことから始まります。当初は、気候観測を目的と

図86−1　警報を中心とした日本の気象業務の歩み

明治5年7月23日	函館気候測量所（現函館地方気象台）の誕生
明治8年6月1日	内務省測量司気象掛（通称東京気象台、現気象庁）の誕生
明治16年3月1日	暴風警報の開始（最初の暴風警報は5月26日）
明治17年6月1日	天気予報の開始
昭和10年7月15日	気象特報の開始
昭和27年6月2日	気象特報が気象注意報に名称変更
昭和58年10月1日	記録的短時間大雨情報の導入
平成17年9月1日	土砂災害警戒情報の導入
平成25年8月30日	特別警報の開始

図86−2　気象等に関する特別警報以外の特別警報

	古い警報区分	平成25年8月30日からの警報区分	
津波	警報「大津波警報」（3m超）	特別警報「大津波警報」	高いところで3mを超える津波が予想される場合（例）平成23年東北地方太平洋沖地震、平成5年北海道南西沖地震。
	警報「津波警報」（1m超）	警報「津波警報」（1m超）	
	注意報「津波注意報」	注意報「津波注意報」	
	予報「津波予報」	予報「津波予報」	
火山	警報「噴火警報（居住地域）」レベル5、レベル4	特別警報「噴火警報（居住地域）」レベル5、レベル4	居住地域に重大な被害を及ぼす噴火が予想される場合（例）平成12年三宅島噴火、平成12年有珠山噴火、平成3年雲仙岳噴火。
	警報「噴火警報（火口周辺）」レベル3、レベル2	警報「噴火警報（火口周辺）」レベル3、レベル2	
	予報「噴火予報」	予報「噴火予報」	
地震動	警報「緊急地震速報（警報）」（震度5弱以上）	特別警報「緊急地震速報（警報）」（震度6弱以上）	震度6弱以上の大きさの地震動が予想される場合（例）平成23年東北地方太平洋沖地震、平成7年兵庫県南部地震。
		警報「緊急地震速報（警報）」（震度5弱、震度5強）	
	予報「緊急地震速報（予報）」	予報「緊急地震速報（予報）」	

して始められましたが、船舶の海難を防ぐ目的で、東京気象台で、日本付近の天気図を作り、暴風警報発表の業務を開始します（当時の暴風警報は、全国を対象に単に「暴風の恐れがある」というもので、具体的数値の発表基準はありませんでした）。1883年（明治16年）のことですが、天気図を毎日作るようになると、日々の天気予報の要望が高まり、暴風警報を補完する側面もあることから、翌1884年（明治17年）からは天気予報も始まっています。

　1934年（昭和9年）の室戸台風の大災害を受け、中央気象台では翌1935年（昭和10年）7月13日から、大風雨の襲来時に発表すべき暴風警報と、さして大なる被害がないが注意を要するという場合に発する気象特報を発表しています。1952年（昭和27年）に気象業務法ができ、暴風警報だけでなく、大雨警報や洪水警報など、警報の種類が増えたとき、「特報」という言葉が誤解を招くとの意見から、「注意報」に変わり、いろいろな注意報ができました。この警報や注意報は、1954年（昭和29年）8月から、過去の災害時の観測値をもとに決めた具体的な数値基準で発表するようになります。

　警報の発表回数が増え、警報が出ていても大きな災害にはならない場合が出てくるようになると、警報の中でも、特に危険なものを、スーパー警報としてはどうかという議論がでてきました。1983年（昭和58年）10月より、警報の内容がすぐにわかるように48文字以内の見出し（見出し的警告文）がつけられ、記録的短時間大雨情報の発表が始まります。記録的短時間大雨情報が出ている大雨警報は、事実上のスーパー警報でした。土砂災害に対する警戒については、大雨警報に含めていますが、2000年（平成12年）からは、それまでの雨量基準から、土中の水分量に対応した土壌雨量指数を活用するようになり、2004年（平成16年）からは、土砂災害に危険度が増したことによる大雨警報の切り替え時には、見出しに「重要変更！」を記述しています（現在は廃止）。さらに、2005年（平成17年）からは、土砂災害警戒情報の発表を行い、土砂災害警戒情報が出されている時の大雨警報も、事実上のスーパー警報でした。

　2011年（平成23年）3月11日の東日本大震災時の津波被害や、同年の台風12号による大雨災害等においては、気象庁は警報により重大な災害への警戒を呼びかけたものの、住民の迅速な避難行動に必ずしも結びつきませんでした。このため、気象庁では、災害に対する気象庁の危機感を伝えるために、「特別警報」というスーパー警報を創設しました。今まで、警報が発表されるときは、重大な災害がおきるときでしたが、特別警報が発表されるときは、警報の中でも特に危険な状態が迫っている時で、国や地方自治体等の防災機関は、最大限の防災対応が求められています。

　気象庁がスーパー警報の創設に慎重だったのでは、警報の上にスーパー警報を作ると、これまでの警報が軽視されがちになること、もし特別警報発表中に災害が発生した場合にはスーパー警報の上の特別スーパー警報を作らざるをえなくなるというパンドラの箱を空けることに対する警戒からです。

　気象庁では、種々の検討をへて、2013年（平成25年）8月30日から「特別警報」の発表

図86－3 大雨の特別警報発表の目安（大雨要因）

下記の①または②のいずれかを満たすと予想され、更に大雨が降り続くと予想される時に発表。

①解析雨量の48時間積算値、及び、土壌雨量指数が50年に1度の値を超過した5km格子が、共に府県程度の広がりの範囲内で50格子以上出現。

②解析雨量の3時間積算値、及び、土壌雨量指数が50年に1度の値を超過した5km格子が、共に府県程度の広がりの範囲内で10格子以上出現。

を開始しました。これは、重大な災害の起こるおそれが著しく大きい旨を警告する新しい防災情報です。警報が発表されるときは、重大な災害がおきるときでしたが、特別警報が発表されるときは、警報の中でも特に危険な状態が迫っている時で、国や地方自治体等の防災機関は、最大限の防災対応が求められています。県から市町村へ、あるいは市町村から住民への特別警報の伝達が義務化され、確実に伝達されます。

　気象等の特別警報が対象とする現象は、複数の府県にまたがる広い範囲で、甚大な災害が同時多発的に発生する現象です。具体的には雨量などが「50年に1度」の値を超えたときに発表するなどの発表基準が決められています**（図86－3）**。ただ、この発表基準は、当初から問題をかかえていました。2013年（平成25年）10月15～16日の伊豆大島では、接近した台風26号によって前線が刺激され、24時間で824mmという記録的な大雨で死者・行方不明者43人という大きな被害が発生した時、特別警報が発表とはなりませんでした。広い範囲という条件を満たしていなかったためです。

　また、暴風・暴風雪・高潮・波浪の各特別警報については、「伊勢湾台風」級（中心気圧930hPa以下または最大風速50m/s以上）の台風や温帯低気圧が来襲する場合となっています（特別警報の台風要因）。2019年（令和元年）9月の台風15号では、千葉市で最大瞬間風速57.5m/sを観測し、鉄塔倒壊による停電など大きな被害が発生しています。しかし、台風の中心気圧は関東接近としては記録的に低い940hPaでしたが、台風要因は満たしておらず、暴風特別警報が発表されることはありませんでした。

　東日本各地で大きな被害が発生した台風15号（特別警報の発表なし）と台風19号（13都県で大雨特別警報を発表）への対応を検証していた気象庁では、外部有識者で構成される「防災気象情報の伝え方に関する検討会」の検討結果を踏まえ、2020年（令和2年）3月に特別警報の発表基準の見直しを決めています**（図86－4）**。

図86－4 特別警報の見直し

	現在	見直し後
大　雨特別警報	（大雨要因）	災害発生との関連が深い指数を用いた新基準を設定
	（台風要因）	廃止
暴　風特別警報	（台風要因）	地域ごとに発表基準を設定
高　潮特別警報波　浪特別警報	（台風要因）	整理を検討

知っておくべきお天気情報のツボ

特別警報ができたとはいえ、特別警報ではない「警報」であっても、重大な災害がおきる可能性がありますので、今まで通り、警戒する必要があります。また、「避難行動とは、決められた避難所に必ずゆくこと」と考える人が多いので、日頃から「避難行動は、命を守るための避難である」こと、早めの行動、少しでも安全の所への移動することが重要ということを説明する必要があると思います。

ここがポイント 大雨特別警報が警報に切り替わる時、「大雨特別警報解除、大雨警報発表」という伝達ではなく、「大雨警報に切り替え」ということを前面に出しています。これは、大雨警報解除という言葉が安全であるとの誤解を与えることがあったためです。

87　5段階の「防災気象情報のレベル化」

「平成30年7月豪雨（西日本豪雨）」による教訓を受け、2019年（平成31年）3月に「避難勧告等に関するガイドライン（内閣府（防災担当））」が改訂されています。この新しいガイドラインでは、住民は「自らの命は自らが守る」意識を持ち、自らの判断で避難行動をとるとの方針が示されています。

図87－1　5段階の警戒レベル

警戒レベル5	命を守るために最善の行動をとる。
警戒レベル4	速やかに避難。避難を完了。
警戒レベル3	避難準備が整い次第、避難開始。高齢者等は速やかに避難。
警戒レベル2	ハザードマップ等で避難行動を確認。
警戒レベル1	災害への心構えを高める。

この方針に沿って、住民がとるべき行動を直観的に理解しやすくなるよう、防災関係者の危機感が住民に伝わるよう、2019年（令和元年）5月29日から、自治体や気象庁等から発表される防災情報には、5段階の警戒レベルを明記して防災情報が提供されるようになりました（図87－1）。

これは、気象現象への対応が概ね4つのステージ（①準備・行動計画、②早めの安全確保、③安全確保（危険回避・避難等）、④緊急対応（非常時対応））に分けることができることからのレベル化です。ステージの番号がレベルの番号に対応していますが、緊急対応はレベル4とレベル5に細分しています。「命を守るための最善の行動を」と呼びかけざるを得ない状況が最大級のレベル5です。

ただ、気象現象といっても、台風が接近してくるときのように、災害の危険性の高まりがイメージしやすいものから、低気圧や前線、発達した積乱雲のように、発達の経過が目に見えにくいため、事前に災害をイメージしにくいものまで様々です。また、発達した積乱雲に伴う激しい現象のように、局所的で時間も短いことから、安全確保や緊急対応は発

達した積乱雲を視認しつつ行うものもあります。

図87-2は、警戒レベル変更のタイミングを模式的に示したものです。警戒レベルは、現象によって異なりますが、数日から約1日前に発表となる警戒レベル1から、半日から数時間前に発表となる警戒レベル2へ、さらに警戒レベル3に上がってゆきます。ここで重要なのは、警戒レベル3です。そして、警戒レベル3のときが実際の行動をとるときです。警戒レベル4のときには避難が完了しており、警戒レベル5で避難をしていない人は逃げ遅れとなります。警戒レベル5で危険区域からまだ避難できていない方は、家が土砂で押しつぶされて生き埋めになっても、助かる可能性が少しでも高い崖と反対側の2階の部屋に避難など、少しでも安全な場所に移動することが必要となります。つまり、それほど、危ない状態に陥っているのです。

		5日〜1日前	1日〜半日前	半日前	数時間前	最盛期
台風	高波	L1	L2		L3	L4
	強風	L1	L2		L3	L4
	高潮	L1		L2	L3	L4
	大雨	L1 L2 L3	L2 L3	L2	L3	L4
		災害の可能性の高まりの予想	現象の強まり			
低気圧・前線による集中豪雨		L1		L2	L3	L4
		災害の可能性の高まりの予想		兆候の検出 危険度の高まり	大雨	記録的大雨
雷・突風・急な強い雨		L1		L2	L3	
		災害の可能性の高まりの予想		兆候の検出 危険度の高まり	雷・突風等	

図87-2 レベル変更のタイミング（図中、L4は警戒レベル4、L3は警戒レベル3、L2は警戒レベル2、L1は警戒レベル1を示す）

災害事例

2018年（平成30年）6月28日から7月8日にかけ、西日本を中心に北海道や岐阜県を含む全国で記録的な大雨が降り、西日本を中心に多くの地域で河川の氾濫や浸水害、土砂災害が発生し、200人以上が死亡するという、平成年間で最大の気象災害が発生しました。これは、台風7号および梅雨前線等の影響による集中豪雨で、気象庁では一連の豪雨について、同年7月9日に「平成30年7月豪雨」と命名しています。西日本だけではなく、岐阜県や北海道など被害が広範囲にわたったためですが、マスコミ等を中心に「西日本豪雨」という言葉が使われ、こちらの人称のほうが多くの国民に定着しています。

7月5日からは、台風7号等で大雨が降っていたところに、対流活動が盛んになっていた東シナ海付近からの南東風と、太平洋高気圧の縁を回る南風が強まって、今までに観測経験がない多量の水蒸気が流れ込むことが予想されました。気象庁では、予報の最高責任者である予報課長自ら、直接、大雨に対する警戒を呼びかけました。「平成30年7月豪雨（西日本豪雨）」で大雨特別警報を発表したのは長崎、福岡、佐賀、広島、岡山、鳥取、京都、兵庫、岐阜、高知、愛媛の11府県となっています。

ここがポイント 西日本豪雨のような、過去に例がないような異常気象でも、予測できる時代になってきましたが、その予測をどう生かすかということは、大きな課題です。大災害が発生するときには、自治体や気象庁等から様々な防災情報の発表があります。いろいろな種類、いろいろな背景での発表であり、それらを正しく理解するのは大変です。しかし、これらの防災情報に警戒レベルがついていれば、少なくとも、その情報が発表されたときに、とるべき行動が即座にわかります。

図87－3は、気象庁が発表する情報と警戒レベルの関係を示したものです。ここで、大雨特別警報が「警戒レベル5相当」となるなど、「相当」が入っています。これは、気象庁が大雨特別警報を発表した時点で、直ちに警戒レベル5になるのではなく、日本の防災の責任を担っている市町村の判断が入るからですが、気象庁が警戒レベル5相当の情報を発表したときは、いつ警戒レベル5になってもおかしくない状況であるときです。

図87－3　気象庁が発表する情報と警戒レベル

警戒レベル	情報
警戒レベル5相当	大雨特別警報、氾濫発生情報
警戒レベル4相当	土砂災害警戒情報、高潮特別警報、高潮警報、氾濫危険情報、危険度分布（非常に危険）
警戒レベル3相当	大雨警報、洪水警報、高潮注意報（警報に切り替える可能性に言及しているもの）、氾濫警戒情報、危険度分布（警戒）
警戒レベル2相当	氾濫注意情報、危険度分布（注意）
警戒レベル2	大雨注意報、洪水注意報、高潮注意報（警報に切り替わる可能性に言及なし）
警戒レベル1	早期注意情報（警報級の可能性が明日までに「高」又は「中」）

警戒レベルが最初に発表となったのは、令和元年6月7日のことです。南岸低気圧によって全国的に雨となり、広島市、山口県岩国市、周南市、愛媛県宇和島市で発表となりました。このうち、広島市中区では、5時46分に注意喚起をしたあと、6時19分に「警戒レベル4」を発表し、11時7分の「警戒レベル4解除（避難所閉鎖）」まで継続しました。

知っておくべきお天気情報のツボ

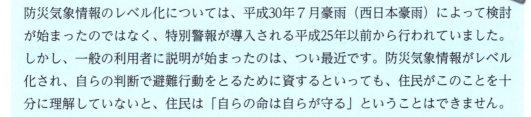
防災気象情報のレベル化については、平成30年7月豪雨（西日本豪雨）によって検討が始まったのではなく、特別警報が導入される平成25年以前から行われていました。しかし、一般の利用者に説明が始まったのは、つい最近です。防災気象情報がレベル化され、自らの判断で避難行動をとるために資するといっても、住民がこのことを十分に理解していないと、住民は「自らの命は自らが守る」ということはできません。防災気象情報のレベル化については、もっともっと周知活動が必要と思います。

88 | 線状降水帯の発生を知らせる 「顕著な大雨に関する気象情報」

　線状降水帯は、次々と発生する発達した複数の積乱雲が一列に並ぶことで形成されます。線状の積乱雲の集合体です。厳密な定義はありませんが、気象庁では「次々と発生する発達した雨雲（積乱雲）が列をなした、組織化した積乱雲群によって、数時間にわたってほぼ同じ場所を通過または停滞することで作り出される、線状に伸びる長さ50～300km程度、幅20～50km程度の強い降水を伴う雨域」と説明しています。

　日本で起きた集中豪雨のうち、台風によるものを除いて、約3分の2が線状降水帯によるものであるとの調査もあります。毎年のように、線状降水帯による顕著な大雨が発生し、数多くの甚大な災害が生じていますが、線状降水帯という言葉が頻繁に用いられるようになったのは、観測網が充実してきた「平成26年8月豪雨」による広島市の土砂災害以降です。観測が充実したことから大雨は線状降水帯が原因であることが多いことがわかり、「線状降水帯による大雨が、災害発生の危険度の高まりにつながるもの」として社会に浸透しつつあります。

　気象庁では、2018年（平成30年）8月の交通政策審議会（国土交通省の審議会）の気象分科会提言「2030年の科学技術を見据えた気象業務の在り方」を受けて、様々な技術開発に10年計画で取り組んでいます（**図88－1**）。この中で、早め早めの防災対応等に直結する予測として、「線状降水帯を含め、集中豪雨の予測精度向上」があります。

　また、2030年（令和12年）まで待つことなく、完成した技術を用いた情報の発表を計画しています。その第一弾が、2021年（令和3年）6月17日13時より始まった「顕著な大雨に関する情報」です。非常に激しい雨が同じ場所で降り続いている状況を、「線状降水帯」というキーワードを使って解説する情報で、警戒レベル4相当（自治体が避難指示を発令する目安）以上の状況を示しています。線状降水帯を**図88－2**のような基準で検出し、図情報では大雨災害発生の危険度が急激に高まっている線状降水帯の雨域が楕円で表示されます。

図88－1　2030年の科学技術を見据えた気象業務のあり方（観測・予測精度向上に係る技術開発）

気象・気候	予測事項	具体的目標の例
現在～1時間程度	「いま」の気象状況と直近予測	1時間先の大雨を実況に近い精度で予測
～半日程度	早め早めの防災対応等に直結する予測	線状降水帯の発生を含め集中豪雨の予測精度向上
～3日程度	台風予報など数日前から見通し予測	3日先の進路予報誤差を1日先と同程度へ
～1ケ月	数週間先までの顕著現象の見通し予測	確率予報をよりメリハリのある予報へ
～数ケ月	数ケ月先の冷夏・暖冬等の予測	確率予報をよりメリハリのある予報へ
数十年後～100年後	地球温暖化の将来予測	詳細な地球温暖化予測で適応策を支援

- 3時間積算降水量が100mm以上の分布域の面積が500㎢以上
- 3時間積算降水量が100mm以上の分布の形状が線状
  （長軸対短軸の比が2.5以上）
- 3時間積算降水量が100mm以上の分布域内の最大値が150mm以上
- 大雨警報（土砂災害）の危険度分布（土砂キキクル）において土砂災害警戒情報の基準を実況で超過（かつ大雨特別警報の土壌雨量指数基準値への到達割合8割以上）又は洪水警報の危険度分布（洪水キキクル）において警報基準を大きく超過した基準を実況で超過

図88－2　顕著な大雨に関する情報の発表基準

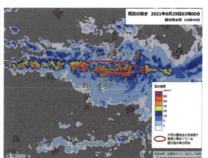

顕著な大雨に関する沖縄本島地方気象情報
　　2021年6月29日2時49分　沖縄気象台発表

　本島北部では、線状降水帯による非常に激しい雨が同じ場所で降り続いています。命に危険が及ぶ土砂災害や洪水による災害発生の危険度が急激に高まっています。

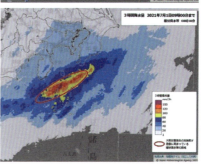

顕著な大雨に関する東京都気象情報
　　2021年7月1日8時59分　気象庁発表

　伊豆諸島北部では、線状降水帯による非常に激しき雨が同じ場所で降り続いています。命に危険が及ぶ土砂災害や洪水による災害発生の危険度が急激に高まっています。

図88－3　「顕著な大雨に関する情報」の発表例（令和3年6～7月）

知っておくべきお天気情報のツボ

　「顕著な大雨に関する気象情報」は、「線状降水帯の予測」ではなく、「線状降水帯発生の確認」の情報です。表題に線状降水帯が入っておらず、名称が似ている「顕著な大雪に関する気象情報」より、記録的な強雨の発生を素早く伝えることでより一層の警戒をよびかける「記録的短時間大雨情報」に似ています。
　最初に発表となった「顕著な大雨に関する気象情報」は、2021年（令和3年）6月29日2時49分に沖縄本島地方に発表されたもので、その2日後の7月1日8時59分に伊豆諸島北部でも発表となりました（図88－3）。

89 | 10年計画で開発中の「線状降水帯の予報」

　気象庁では、2030年（令和12年）までの10年計画で、「線状降水帯を含む集中豪雨の予測精度の向上」に取り組んでおり、線状降水帯に関する情報の第一弾が、2021年（令和3年）6月17日より始まった「顕著な大雨に関する気象情報」です（88参照）。そして第2弾が、2022年（令和4年）6月1日から始まった「線状降水帯の半日前予報」で、早めの避難につなげるため、例えば、「半日後に九州北部で線状降水帯が発生」という情報です（**図89－1**）。このときは、「九州北部」など国内を11の地域に分けての発表でした。2024年（令和6年）5月下旬からは都道府県単位となり、そして、2029年（令和11年）には市町村単位での発表が予定されています。

　気象庁のレーダーは20台ありますが、2020年（令和2年）3月の東京レーダーを皮切りに、10年計画ですべてのレーダーを二重偏波気象レーダーという、より正確に雨量を観測できるものへの更新を予定していました。しかし、令和2年7月豪雨をうけて、更新計画を早めています。また、凌風丸と啓風丸の2隻の気象観測船にGPSを利用して水蒸気を観測できる船舶GNSSを搭載して梅雨期に東シナ海で観測を行い、国内で定期運航するフェリーや貨物船、海上保安庁の測量船に船舶GNSSを搭載してデータを入手しています。さらに、アメダスの観測点に湿度計を設置し、上空の水蒸気を観測することができるマイクロ波放射計を西日本を中心に設置しています。そして、次の気象衛星に水蒸気を観測する機能搭載の検討を始めるなど、線状降水帯の元となる水蒸気の量の観測を強化しています。

大雨と雷及び突風に関する全般気象情報　第6号
2022年　7月15日　16時12分　気象庁　発表
（見出し）
九州北部地方と九州南部では、15日夜から16日午前中にかけて、線状降水帯が発生して大雨災害の危険度が急激に高まる可能性があります。土砂災害、低い土地の浸水、河川の増水や氾濫に厳重に警戒してください。
（本文）
［気圧配置など］
　前線が華北から西日本を通って東日本へのびています。前線は17日にかけて東北地方まで北上し、西日本では南下する見込みです。前線に向かって暖かく湿った空気が流れ込むとともに、本州付近の上空約6000メートルには氷点下6度以下の寒気が流れ込むため、西日本から北日本では17日にかけて大気の状態が非常に不安定となるでしょう。
［防災事項］
＜大雨・雷・突風＞
　西日本から東北地方では非常に激しい雨や激しい雨の降っている所があり、これまでの大雨により、土砂災害の危険度が高まっている所があります。
　西日本では16日夜にかけて、東日本から北日本では17日にかけて、雷を伴って非常に激しい雨や激しい雨が降り、大雨となる所があるでしょう。
　16日18時までに予想される24時間雨量は、多い所で
　　九州南部、九州北部地方　　　　　　　250ミリ
　　四国地方、近畿地方、東北地方　　　　150ミリ
　　…
　特に九州北部地方と九州南部では、線状降水帯が発生した場合は、局地的にさらに雨量が増えるおそれがあります。15日夜から16日午前中にかけて、土砂災害、低い土地の浸水、河川の増水や氾濫に厳重に警戒してください。

図89－1　初の線状降水帯の半日前予報（令和4年7月15日16時12分の全般気象情報）

また、産学官連携を活用し、世界最高性能のスーパーコンピュータ「富岳」を使い、開発中の予報モデルのリアルタイムシミュレーション実験を実施しています（**図89-2**）。

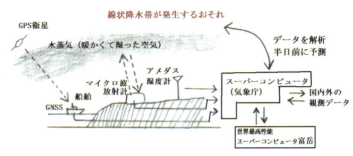

図89-2　線状降水帯予報のイメージ

　ただ、発達した積乱雲が直線状に並んで長時間、大雨を降らせ続ける線状降水帯の発生を精度よく予測することは技術的に難しく、線状降水帯ができても、長期間存在し、しかもそれが停滞しなければ、一時的に猛烈な雨が降っても、総雨量はそれほど多くはなりません。令和2年7月豪雨で、熊本県が田浦に設置した雨量計では、7月4日3時92mm、4時129mm、5時97mm、6時107mm、7時85mmと、80mm以上の猛烈な雨が5時間も続くという、通常の大雨警報を超える、異常な量の雨でした。降雨が一番強かった、7月4日4時の数値予報でコンピュータが予想した雨量分布をみると、半日前くらいからは、線状降水帯が形成され、80mm以上の猛烈な雨が降る予報に変わっています（**図89-3**）。このため、熊本県八代市では7月3日11時28分に大雨注意報が発表となり、同日21時39分には大雨警報に切り替えるなど、各地で大雨に対する警戒が呼びかけられていますが、これほど長時間にわたり猛烈な雨が続くという予想ではありませんでした。

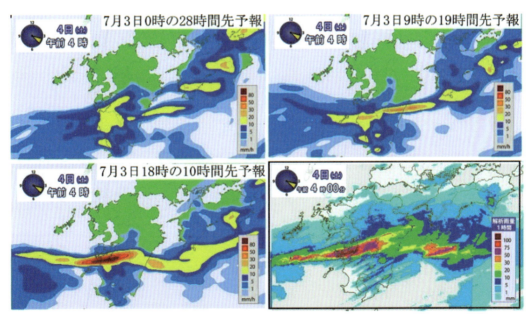

図89-3　令和2年7月4日4時の線状降水帯の予報と7月4日4時の解析雨量

災害事例

　2020年（令和2年）7月は、梅雨前線が長期間にわたって停滞し、暖かくて湿った空気が流れ込み続けました。このため、「令和2年7月豪雨（九州北部豪雨）」と呼ばれる、西日本から東日本にかけての広い範囲で記録的な大雨となりました。中でも、7月4日未明に東シナ海で発生した線状降水帯は顕著で、熊本・鹿児島両県では、7月4日4時50分に大雨特別警報が発表となりました。熊本県球磨村では球磨川の水位が急上昇したことから高齢者施設や自宅にいた25人が死亡しました（全国の死者・行方不明者は88人）。

知っておくべきお天気情報のツボ

　線状降水帯による記録的な雨の予想は、かなり難しい予報で、予想精度が劇的に向上するとは考えにくいと思います。ただ、線状降水帯注意情報が発表されたら、少なくとも大雨警報級の雨が降りますので、即時に警戒が必要です。また、「線状降水帯注意情報が出てないから、大した雨ではなさそうだ」と思うことも間違いです。

90 事実上の記録的短時間大雪情報「顕著な大雪に関する気象情報」

　短時間に顕著な降雪があると多雪地帯でも、普段は雪が少ない地方でも大規模な車両渋滞・滞留を引き起こし、社会活動へ大きな影響を及ぼしますが、この影響の度合いは、近年顕著になってきました。気象庁では、2018年（平成30年）12月より「大雪に対して一層の警戒を呼び掛ける情報」を、府県気象情報での発表を開始しました。また、「顕著な大雪に関する気象情報」を発表し、短時間の大雪に対して一層の警戒を呼び掛ける情報提供をすることとしました。具体的には、過去6時間に顕著な降雪が観測され、その後も大雪警報の発表基準を一定量上回ると思われる時に発表されます。記録的短時間大雨情報の雪版ともいえるでしょう。「顕著な大雪に関する気象情報」発表のきっかけとなったのは、2018年（平成30年）2月に発生した福井県を中心とする北陸の大雪です。新潟・富山・石川・福井の北陸4県で試験運用をへて、2019年（令和元年）11月13日から北陸4県に山形県と福島県（会津地方）で正式運用が始まりましたが、最初の発表は、2021年（令和3年）1月7日に富山県に対してです（図90－1）。2021年（令和3年）1月7～8日の日本付近は、大きく見ると西高東低の冬型の気圧配置となり、この年一番の寒気が南下してきました（図90－2）。このため、東北の日本海側から北陸地方、西日本の日本海側のみならず、普段は雪の少ない九州でも雪が降りました。「顕著は大雪に関する気象情報」は、その後、福井県、石川県、新潟県でも発表となっています（図90－3、図90－4）。北陸地方では、大規模な交通渋滞が発生し、福井県内の北陸自動車道は一時2,000台の車が立ち往生しています。また、富山県の北陸自動車道でも200台以上が、新潟県の国道8

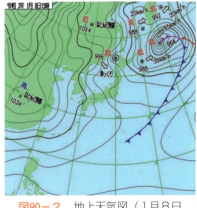

図90－2　地上天気図（1月8日15時）

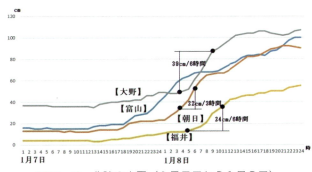

図90－1　「顕著な大雪に関する気象情報」の最初の発表

図90－3　北陸の大雪（1月7日から1月8日）

図90-4 令和3年1月の「顕著な大雪に関する気象情報」

月 日	県	概要
1月7日	富山県	砺波市で3時間に23cm
1月8日	富山県	朝日町で3時間に22cm
	福井県	大野市で6時間に39cm
		福井市で6時間に24cm
	石川県	加賀南部の山地（白山市白峰大道谷の県の観測所）で6時間に54cm
		珠洲市で6時間に25cm
	新潟県	新潟県・上越市高田で3時間に26cm
1月9日	福井県	福井市で6時間に25cm
1月10日	新潟県	糸魚川市南押上（県の観測所）で3時間に26cm

号線でも約250台が立ち往生し、1月10日には、福井県、富山県、新潟県は、相次いで自衛隊に災害派遣を要請しています。

知っておくべきお天気情報のツボ

災害は人間生活との関係で変化しますので、雪が降るという現象は昔と同じでも、生活スタイルが車社会に変わってくると、災害の形態も変わってきます。また、技術の進歩により、精度が高い新しいタイプの情報も発表されています。

気象庁では、道路管理者の通行規制や除雪体制の判断、事業者や国民が利用する交通経路の判断の支援等を目的に、2019年（令和元年）11月から気象庁ホームページにおいて「現在の雪」の運用を開始し、積雪の深さと降雪量の24時間前から現在までの状況について面的な分布情報の提供を行ってきました。そして、2021年（令和3年）11月10日から、これらに加えて降雪量について1時間ごとに約5km格子で6時間先までの予報を開始しました。降水短時間予報の降雪版です。これにより、道路管理者の通行規制や除雪体制の判断、事業者や国民が利用する交通経路の判断の支援ができるとの考えからです。降雪短時間予報の作成方法は、解析した積雪の深さを初期値とし、降水短時間予報の降水量や、数値予報による気温予測を使って積雪の変質具合を計算して将来の積雪を計算し、積雪の深さの増加量を重回帰式で補正するものです。

⚠️ 災害事例

2021年（令和3年）11月24日は、西高東低の気圧配置となって寒気が南下してきました。極端に強い寒気の南下ではなかったのですが、北海道の上川地方など、北日本を中心に記録的な大雪が局地的に降っています。北海道上川地方・名寄で降雪が多いのは12月から1月で、この時の24時間最大降雪量60cmという値は、11月としては1位ですが、1年を

通しても4位に入ります。積雪がない状態から、夜中に、一気にこれだけ降ったことから、住民生活に大きな影響がでました。図90－5は、積雪の深さと降雪量の6時間予報の例です。2021年（令和3年）11月23日21時に予想した24日3時ま

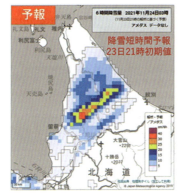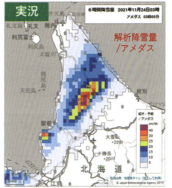

図90－5　北海道北部の11月24日3時までの6時間降雪量の予報と実況

での6時間降雪量の予報では、北海道の上川地方を中心に、この時季としては多い降雪量を予測しています。実況よりも降雪量はやや弱めだったものの、夜中に局地的に降雪量が多くなることは予測できています。

知っておくべきお天気情報のツボ

除雪作業が遅れた場合は、交通渋滞によって、渋滞が長引きます。強い降雪が予想されるときは、不要不急の外出を避けるなど、円滑な除雪作業のための一人ひとりの協力が不可欠です。気象庁の説明によれば、積雪の深さや降雪量について、雪の広がりは適切に予報できる一方で、その量は少なめに予報する傾向があり、今後とも継続的に技術開発に取り組むとのことです。ただ、1時間ごとに更新されますので、最新予報の入手で、ある程度はカバーできそうです。

91　キキクルで有名になった「危険度分布予報」

　気象庁では、土砂災害や洪水など大雨による身の回りの危険が一目でわかる「危険度分布」を提供しています。そして、より多くの人に「危険度分布」を知ってもらい、活用していただくため、令和2年秋に愛称を募集しています。1,200を超える応募の中から厳正な審査の上、2021年（令和3年）3月17日に決定したのが「キキクル」です。この愛称は「危機が来る」がもとになっており、選考では、危険が迫っていることが分かりやすい、文字数が少なく視認性に優れる、などが主に評価されました。この愛称を通じて、より多くの人が「危険度分布」を知り、いざというときの自主的な避難の判断に活用してもらうことが狙いです。危険度分布は、過去約25年分の雨量データと災害データを用いて危険度の高まりに応じた基準を段階的に設定し、雨量の予報を災害の予報に翻訳したものです。

大雨警報（土砂災害）の危険度分布は「土砂キキクル」、大雨警報（浸水害）の危険度分布は「浸水キキクル」、洪水警報の危険度分布は「洪水キキクル」の３種類があり、いずれも危険度を地図上に色分けして表示（黄→赤→うす紫→濃い紫）したものです（図91－1）。

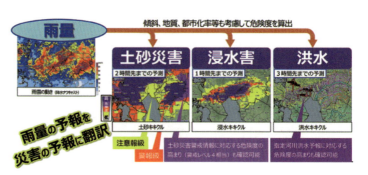

図91－1　土砂キキクル・浸水キキクル・洪水キキクル

「濃い紫」の領域では、過去の重大な災害発生時に匹敵する状況を示す基準を超過していますので、この段階での避難は非常に危険です。過去の重大な災害発生時に匹敵する基準をまもなく超えそうな「うす紫」の領域において、速やかに避難するという使い方になります。

知っておくべきお天気情報のツボ

大雨・洪水警報の危険度分布は、気象庁のホームページで公表されていますが、気象庁の協力のもとで、５つの事業者（アールシーソリューション株式会社・ゲヒルン株式会社・株式会社島津ビジネスシステムズ・日本気象株式会社・ヤフー株式会社）がプッシュ型で通知サービスを行っています。これは、「キキクル（危険度分布）」で、速やかに避難が必要とされる警戒レベル４に相当する「非常に危険（うす紫）」などへの危険度の高まりを知らせてくれるものです。

この危険度分布キキクルが、2022年（令和４年）６月30日から改善され、土砂・浸水・洪水すべてのキキクルに警戒レベル５相当（災害切迫）「黒」が新しく加わりました。新設された警戒レベル５相当（災害切迫）「黒」は（実況で）大雨特別警報の基準に達したことを示すものです（図91－2）。

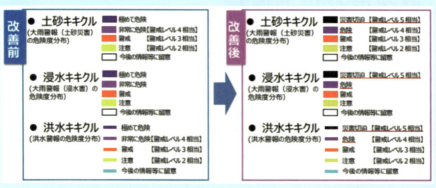

図91－2　キキクル（危険度分布）の2022年６月30日からの変更

災害事例

　埼玉県では、2022年（令和4年）7月12日の夕方以降、大気が不安定となり、局地的な大雨が降り、河川の氾濫や土砂災害が相次いでいます。鳩山町では、1日の雨量が観測史上最大の374.5㎜を記録し、平年の7月の降水量179.3㎜の約2倍の374.5㎜が6時間ほどで降っています（図91－3）。このため、隣接する東松山市では5段階の警戒レベルのうち、危険度が最も高い「警戒レベル5（緊急安全確保）」が814世帯2,091人に対して発表されました。この雨に対して危険度分布「キキクル」も、最高レベルの「黒」が作られてから初めて「黒」が表示されました（図91－4）。

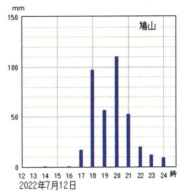

図91－3　埼玉県・鳩山の1時間降水量（2022年7月12日13時～24時）

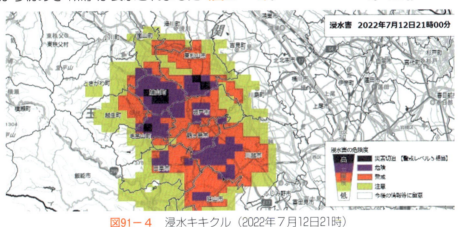

図91－4　浸水キキクル（2022年7月12日21時）

92 | 土壌雨量指数と流域雨量指数で発表となる「大雨警報」

　気象庁は、気象そのものによって重大な災害が起こるおそれのあるときに大雨・大雪・暴風・暴風雪の警報を発表しています。このうち、大雨警報の発表基準は、2008年（平成20年）5月28日より、気象災害時の避難勧告等により有効に活用できるように改善が行われています。具体的には、地上に降る雨の量で算出した指標である24時間雨量に代えて、土壌中に貯まっている雨の量に基づき、降雨による土砂災害発生の危険性を示す指標である土壌雨量指数を導入し（図92－1）、避難準備等への活用を目指した防災情報として発表するものです。気象庁では、2010年（平成22年）の出水期から大雨警報の発表を市町村ごとに発表していますが、これが可能となったのは土壌雨量指数等の導入です。

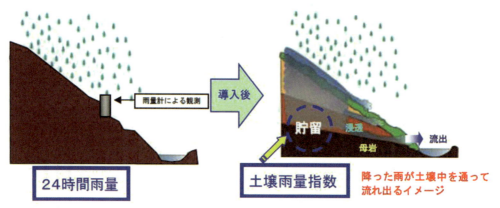

図92-1　24時間雨量から土壌雨量指数へ

災害事例

平成21年7月中国・九州北部豪雨

2009年（平成21年）は、7月19日から26日にかけ、西日本で梅雨前線の活動が活発となりました。中国地方に停滞した梅雨前線南側の山口県で、水蒸気を大量に含んだ積乱雲が発達しています（図92-2）。このため、広島・山口・福岡・佐賀・長崎県で死者・行方不明者30人、浸水家屋約9,000棟という被害が発生し、気象庁は「平成21年7月中国・九州北部豪雨」と命名しました。このうち、防府市では土石流や山崩れによって14人が亡くなりました。防府市では、20日に56.5mmという雨で土壌雨量指数が高まっていたところに、21日6時過ぎからの1時間雨量20mm以上という強い雨で、一気に土砂災害の危険性が高い状態となっています。

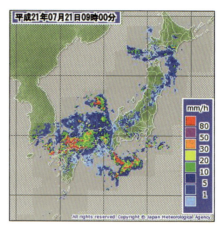

図92-2　山口県の大雨時のレーダー画像
（平成21年7月21日9時00分）

　大雨警報級の強い雨は、かなり地域的にかたよっていることが多いために、天気予報で用いられている北海道や沖縄の各支庁や都府県をいくつかに分けた予報区（一次細分）では、その全てで基準を超える雨が降ることはまれです。1982年（昭和57年）7月は、長崎県（島嶼部を除く）では梅雨前線による大雨警報が5回発表され、5回目には、長崎市で日雨量484mm、長与町で1時間雨量187mmという記録的な大雨で、長崎大水害が発生しました。長崎大水害前の4回の警報は、いずれも県内のどこかで大雨警報基準の雨が降っていますので、警報としては満点ですが、長崎市付近では1回しか大雨警報級の雨は降っていません（図92-3）。気象庁では、長崎大水害の教訓から、警報の信頼性を高め、利用価値を上げるため、さらに地域細分（二次細分）をして警報を発表することにしました。そ

の後、2004年（平成16年）の相次いだ災害（新潟・福島豪雨、福井豪雨、台風23号など）をきっかけに、自治体等の調整や技術開発などの準備期間を経て、2010年（平成22年）5月27日から、原則として市町村ごと（東京23区は区ごと）まで細かい細分とし、大雨警報を「浸水害」、「土砂災害」、「浸水害と土砂災害」の3種類に分けました。

大雨警報基準の引き下げ

　2011年（平成23年）3月11日に最大震度7の「平成22年東北地方太平洋沖地震」が発生し、翌12日には長野県北部にも最大震度6強の地震が発生しました。強い揺れの地域では、地盤が脆弱になって二次災害の危険が高いため、気象庁では、12日から当面、震度5強以上を観測した16都県の244市町村について、大雨警報等の発表基準を2～5割引き下げて運用していました。このような基準の引き下げは、このときが初めてではありません。平成7年の兵庫県南部地震のときもそうでした。当時私は、神戸海洋気象台の予報課長で、神戸海洋気象台では、観測も予報も一回も欠けることなく通常通りの業務を行っていました。1月22日に低気圧通過でまとまった雨の可能性がわかった20日からは「雨に関する情報（大雨情報ではありません）」などを発表して早めに警戒を呼びかけました（図92-4）。自治体などでは、土砂崩れの危険性が高い地区に避難勧告や立入禁止措置をし、テント設営などをしています。当時は、山や崖に亀裂が入り、堤防や防潮堤も損傷を受けたままで、排水溝は瓦礫で詰まり、排水ポンプも正常作動が確認できない状況で、大規模な二次災害が懸念されました。人命救助がまっさきに行われており、多数の救援物資は野積みで、屋根が壊れている家に住んでいる人、焚き

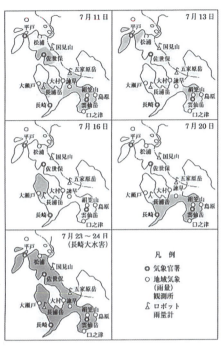

図92-3　昭和57年7月に長崎県に発表された大雨警報

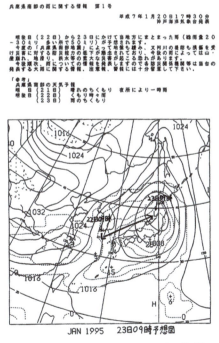

図92-4　兵庫県南部の雨に関する情報 第1号

145

火をしながら野宿している人が多数いましたので、普段では考えられないことが次々に起きる可能性がありました。被災地には20日夜から多量の雨対策用の資材が持ち込まれ、21日は晴天のもと雨対策が本格的に行われました。家の屋根や道路には大規模に防水用のビニールシートが掛けられ、高台にある気象台からは、町がどんどん青くなるのが見え、この地震の被害の大きさを実感しました。同時に、防災や復興にかける関係者の熱意を感じるとともに、我々の責務の重大性を改めて認識しました。

　1月21日の夕方、予報通り、東シナ海西部で低気圧が発生し、22日の雨は、ほぼ予想通りでした。神戸市や西宮市などでは土砂崩れや道路の亀裂が相次いでいますが、事前避難で人的被害はありませんでした。いろいろな防災関係者の努力の結果、大きな災害や不測の事態の発生を防ぎ、雨の翌日から本格的な復興が軌道に乗りました。

二次災害により被害が深刻になり、復旧が大幅に遅れます。突発的に起きた大災害に比べ、被災地での活動という困難さが加わるものの、「いつ」「どこで」がある程度わかる二次災害は防げる可能性が高いといえます。そのためには、大災害後に何が起きるかという想像力をたくましくする訓練が必要です。

93　4種類ある「洪水予報」

　洪水予報には、一般の利用を目的としたものと、水防活動を目的にしたものがあります。一般利用の洪水予報は、気象庁が都道府県をいくつかに分割した二次細分地域ごとに発表する洪水注意報や洪水警報です。2008年（平成20年）からは、その場所で降る雨量規準に加え、流域雨量指数を用いています。この指数は、対象区域内の洪水の危険度を最も効果的に判断できる河川に対して設定しているもので、上流域に降った雨の影響がある場合に設定されます。また、雨水が地中に浸み込まないで地表面に溜まる指標として、表面雨量指数というものもあります。これは、降った雨が地中に浸み込みやすい山地や水はけのよい傾斜地では小さく、地表面の多くがアスファルトで覆われている都市部では大きくなるという指数で、流域雨量指数とともに、洪水予報に使われます。

　水防活動を目的とした洪水予報に、指定河川洪水予報があります。これは、気象庁が河川管理者と共同し、あらかじめ指定した河川の水位または流量を示した洪水予報です。「〇〇川洪水警（注意）報」という河川の名前がついた標題です。そして、2007年（平成19年）からは、市町村や住民がとるべき避難行動等との関連が理解しやすいようにレベル化されています。レベル5（標題：氾濫発生情報、状態：氾濫発生）、レベル4（氾濫危険情報、水位名称：氾濫危険水位）、レベル3（氾濫警戒情報、避難判断水位）、レベル2（氾濫注意情報、氾濫注意水位）、レベル1（なし、水防団待機水位）。

　指定河川洪水予報が始まったきっかけは、1947年（昭和22年）のカスリーン台風で利根

川の堤防が決壊したことです。その後、制度が整備され、1962年（昭和37年）までに上流域の降水から下流域の出水までの時間が長く洪水予報が比較的行いやすい国管理の17河川が対象となりましたが、その後、長いこと増えていません。しかし、1974年（昭和49年）8月に東京都狛江市の多摩川堤防が決壊するなど、中規模の河川で洪水が大きな問題となってきました。そこで、建設省（現・国土交通省）と気象庁は指定河川洪水予報を拡大することとし、1988年（昭和63年）に多摩川などが指定されました。現在は国管理の全国109水系（一級河川）すべてで実施となっています。また、かつての洪水は大河川の堤防が破堤する外水洪水がほとんどでしたが、近年は都市型水害とも言われる排水が間に合わない内水洪水が増える傾向にあります。このため、2002年（平成14年）から都道府県が管理する河川（二級河川）についても、準備の整ったところから始まっています。

災害事例

平成16年7月福井豪雨

2004年（平成16年）7月18日未明から昼前にかけての福井豪雨では、福井県の北部を中心に、死者・行方不明者5人、全壊家屋69戸、浸水家屋1万4,000戸という被害が発生しました。福井豪雨の雨雲の範囲は狭いものですが、海上の強い雨雲が次々に全く同じ場所に流入して被害が発生しました（図93-1）。美山町（現・福井市）では午前6時10分までの1時間に96mmと北陸地方では記録的な雨となり、福井市街地の足羽川堤防が決壊しました。福井豪雨の5日前には新潟・福島豪雨が発生していたこともあり、気象台の早い警報発表に県や市町村の防災担当者は雨が強くなる前に活動を開始し、昼頃からは各県の救援ヘリが救助作業を行い、ボランティア本部も当日のうちに立ち上がっています。

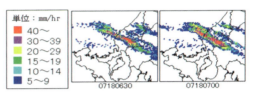

図93-1　福井豪雨時の雨量分布

図93-2　福井豪雨で決壊寸前の足羽川堤防
〈出典／2024年7月17日 中日新聞Web〉
※この写真は、中日新聞社の許諾を得て転載しています。

図93-2は堤防が決壊する直前の福井市の足羽川の様子です。この段階では、道路に濁流が流れ込んでおり、避難は困難となって住民は屋上に避難しています。その後、堤防が決壊し、多量の水が流れ込んでいますが、屋上に避難した住民はすぐに滋賀県の防災ヘリコプターで救助されています。その様子を、対岸にあった福井地方気象台の屋上から見ていましたが、福井豪雨のときは、滋賀県を含め、近隣からの素早い応援があったことが印象に残っています。

知っておくべきお天気情報のツボ

都市化など社会の変化で洪水の様相は変わりますので、昨年大丈夫だったからという先入観念をすて、新たな気持ちで点検をすることが大事です。

94 | 発表基準の期間が短くなってきた「大雪警報」

　大雪警報の基準値は、生活様式の変化や防災対策の進捗、予報技術の進歩などを背景に、地域の実情に合わせて絶えず見直しが行われています。大雪警報の基準は北海道と東北地方が12時間降雪量、それ以外の地方は24時間降雪量がもとになっていますが、短い時間の降雪量に変更する傾向にあります。また、発表地域を細分する傾向にあります。これは、雪が積もり始めてから1日たたないうちに迅速な除雪が可能になるなど除雪体制が整備されたこと、まとまった強い雪のほとんどが12時間以内で収まるのですが、その場合、雪の止んでいる地方の大雪警報の解除を早くするためです。さらに、雪は同じ市町村でも高度が違うと降り方が大きく違いますので、山沿いと平地で基準をわける場合がありますが、この境目の高度は、民家や交通機関の集中する平野部での予報をより実状に合わせた形で出せるよう低くする傾向があります。2009年（平成21年）12月1日より青森県、山形県、福島県の大雪警報の基準が変更になりました。青森県では、①全県一つから県内7細分地域ごとに、②24時間降雪量から12時間時間降雪量に、③山沿いの区分を標高200m以上からに150m以上に変更しています。このため、青森空港（標高198m）付近では、青森県の平地ということで「24時間降雪量が50cm」だったのが、青森市のある細分地域「東青津軽」の山沿いということで「12時間降雪量が50cm」と変更になりました。

　私たちの生活が便利になるにつれ、雪による物流の停滞が大きな問題となってきました。災害は生活様式の変化とともに変わっています。

⚠ 災害事例

　青森市は、人口が30万人クラスの都市では、世界で最も雪の多い都市で、積雪が2mを越したこともあります（1945年（昭和20年）2月21日の2m9cm）。図94－1は、青森で積雪1m87cmを観測した2005年（平成17年）3月3日の前日のものです。

図94－1
平成17年3月2日
9時の地上天気図

知っておくべきお天気情報のツボ

大雪が降ったときの行動は、量だけでなく、積雪状態も大きな影響を与えます。同じ降雪量でも、気温が低い時のサラサラした雪より、気温が高いときのベタベタした雪のほうが雪かき時に大変ですし、融けた雪が再び凍ってアイスバーンになると転倒事故や交通事故が急増します。降雪量の予報だけでなく、気温の情報も合わせて考える必要があります。

95 | 気象台と都道府県が共同で発表する「土砂災害警戒情報」

　土砂災害警戒情報は、増加傾向にある土砂災害被害を軽減するため、気象庁と都道府県とが共同で発表する防災情報で、大雨警報発表中において、大雨により土石流や集中的に発生する急傾斜地崩壊の危険度が高まった市町村を特定（一部の市町村はさらに分割）して発表するものです。大雨とは直接的な関係がなく、技術的に予測が困難である地すべり等は発表対象とはしていません。市町村長が避難勧告等の災害応急対応を適時適切に行うための重要な判断材料として、また、住民の自主避難の判断等に利用できることを目的としています。最初の業務開始は、2005年（平成17年）9月の鹿児島県で、全都道府県で業務を行うようになったのは、2008年（平成20年）3月です。土砂災害警戒情報は、土壌雨量指数（水分が地中にどれだけ溜まっているかを示す指数で、この値が大きいと崩れやすくなる）及び1時間雨量の実況値と予測値を基として発表されます。土壌雨量指数は、強い雨でも短時間降りやむなら大きな値になりませんが、弱い雨が続くと徐々に土壌雨量指数があがり、ここに強い雨が加わると、土壌雨量指数が急上昇して土砂災害の危険性が高まります。また、雨がやんでも土壌雨量指数が大きな値である間は、土砂災害の危険性が高い状態です。

⚠ 災害事例

　図95−1は、和歌山県が最初に土砂災害警戒情報を発表した2007年（平成19年）6月18日の判定図の一部です。白浜沖には、狭い範囲ですが、東西に延びる発達した積乱雲があります（**図95−2**）。和歌山県南部は白浜町付近の沿岸部を中心に総雨量が約250㎜、最大1時間雨量が60㎜という雨で、白浜町などで6か所の土砂崩れが発生しました。1時間に10〜20㎜という雨で土壌雨量指数が増え、そこに1時間に50㎜の雨が加わったことで、過去の災害から求めた危険ラインを越えたため、土砂災害警戒情報が9時0分に上富田町と白浜町に、9時35分に田辺市が追加して発表となっています。和歌山県の発表開始は全国13番目ですが、ホームページで判定図などの詳細情報の公表は全国初です。その日に白浜

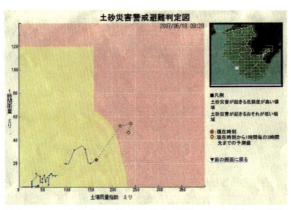

図95-1 土砂災害警戒避難判定図（平成19年6月18日：和歌山県のホームページより）

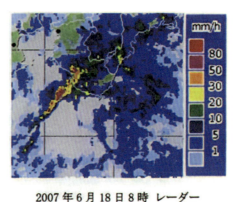

図95-2 レーダー観測（平成19年6月18日8時）

　町で公務中だった仁坂吉伸和歌山県知事は、発表したばかりの情報を手に「警戒情報を活用し、早めの対応をしてほしい」と呼びかけています。当時、私は和歌山地方気象台長で、3か月ほど前に知事と一緒に土砂災害警戒情報開始の記者会見を行いました。

96 ｜ 中と高の2種類で発表される「早期注意情報」

　気象庁では、2014年（平成26年）8月19～20日の広島市に対する豪雨災害など、集中豪雨や台風等による災害が相次いで発生したこと、また、雨の降り方が局地化、集中化、激甚化していることを踏まえ、2017年（平成29年）5月17日から「危険度を色分けした時系列」と「警報級の可能性」についての情報提供を始めました。このうち、「危険度を色分けした時系列」は、今後予想される雨量等や危険度の推移を時系列で提供するもので、警報級と注意報級が色分けされています。また、「警報級の可能性」は、数日先までの警報級の現象になる可能性を提供するもので、雨、雪、風、波、高潮（高潮は令和4年8月から）についての発表です。

　この早期注意情報は、警戒レベル1に相当し、住民がとるべき行動は、「災害への心構えを高める」となっています。

　早期注意情報は、毎日5時、11時、17時および状況が変化した時に適宜発表する「警報級の可能性・量的予報（明日まで）」と、毎日11時と17時に発表する「5日先までの警報級の可能性（明後日以降）」の2種類があります。「高」は、警報を発表中、又は、警報を発表するような現象発生の可能性が高い状況です。「中」は、「高」ほど可能性は高くありませんが、警報級の現象となりうることを表しています。

　早期注意情報は、高潮を除いて具体的な数値を入れた量的予報を行っていますが、高潮

東京都の早期注意情報（警報級の可能性）											
○年●月12日11時　気象庁　発表											
東京地方では、13日までの期間内に［高］及び［中］はない。今後の情報に留意。											
東京都東京地方			12日		13日			14日	15日	16日	17日
			12-18	18-24	00-06	06-12	12-24				
大雨	警報級の可能性		-	-		-		［中］	［高］	-	-
	1時間最大		15以下	15以下	15以下	15以下	15以下				
	3時間最大		25以下	25以下	25以下	25以下	25以下				
	24時間最大				50以下						
大雪	警報級の可能性		-	-		-		-	-	-	-
	6時間最大		0	0	0	0	0				
	24時間最大				0						
暴風（雪）	警報級の可能性		-	-		-		［中］	［高］	-	-
	最大風速	陸上	9以下	9以下	9以下	9以下	9以下				
		海上	9以下	9以下	9以下	9以下	9以下				
波浪	警報級の可能性		-	-		-		［中］	［高］	-	-
	波高		05	05	05	05	05				
高潮	警報級の可能性		-	-		-		-	［中］	-	-

図96－1　気象庁ホームページでの高潮の早期注意情報のイメージ

は量的予報は行っていません（**図96－1**）。これは、高潮の大きさは台風進路予報のわずかな変化で極端に変わり、高潮級の高潮が予測されても、その後の台風進路によっては実際には警報級の高潮とならない場合があるからです。なお、高潮の早期注意情報の「高」の発表の目安は、①（明日まで）台風が予報円の中心を通った場合に予想される潮位が高潮警報基準以上となる場合、②（明後日から５日後まで）予想される潮位が高潮警報基準以上となることが「中」より高い確度の場合です。

災害事例

気象庁が警報級の可能性についての情報を最初に発表したのは、2017年（平成29年）５月23日11時33分に東京都小笠原諸島に対して大雨警報（土砂災害）が発表されたときです。上空に寒気が入り、大気が非常に不安定になったからですが、このときは、警報級の大雨は夕方まで（12－18時）「高」という内容でした（**図96－2**）。小笠原諸島の父島では前年の5月頃から、母島でも９月頃から降水量の少ない状態が続いており、ダムの貯水率が少なくなって、水不足となっていましたので、恵の雨の側面もありました。

東京都小笠原諸島	警報級の可能性		
	23日		24日
種別	夕方まで	夜～明け方	朝～夜遅く
	12-18	18-6	6-24
大雨	［高］	－	－
暴風	－	－	－
波浪	－	－	－

図96－２　東京都小笠原の警報級の可能性（平成29年５月23日12時00分発表）

知っておくべきお天気情報のツボ

気象庁内部で行った大雨についての試行（2016年（平成28年）6月～12月）では、警報級の可能性「高」は、明日の予測3,047回に対し、2,261回で大雨警報が発表（適中率74％）と、かなりの精度でした。「高」と発表の場合は、警戒の準備が必要です（図96－3）。勿論、「高」と予測しないのに大雨警報が発表となったケースも多く、試行期間では4日先、

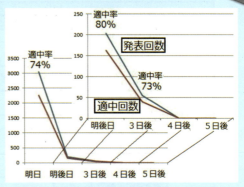

図96－3　警報級の可能性「高」の適中率

5日先の予測回数は0でした。当時は、台風の強度予報が3日先まででしたので、現在のように5日先になっていると、「高」の発表回数が増えていると思います。また、「中」では、明日の予測1万2,079回に対して3,424回で大雨警報が発表（適中率28％）でした。適中率はやや低いのですが、見逃しを減らしています。

⚠ 災害事例

2018年（平成30年）9月4日正午頃、台風21号が徳島県南部に上陸し、紀伊水道を通って大阪湾に入り、大阪湾に記録的な高潮を発生させました。大阪港の過去最高潮位は、1961年（昭和36年）の第二室戸台風の時の2m93cmでしたが、台風21号はこれを更新し、3m25cmを観測しています。このため、関西国際空港は、高潮が滑走路や駐機場に浸水したことに加え、台風21号の風で流されたタンカーが連絡橋

図96－4　令和元年台風21号の進路予報
（8月31日15時）

に激突、連絡橋が大きな損傷を受けたことから、長期間の閉鎖を余儀なくされています。2018年（平成30年）の台風21号の場合、台風がマリアナ諸島（グアム島近海）にあった8月31日15時の進路予報では、4日午後には大阪湾を通過する予報になっています（図96－4）。高潮に関する早期注意情報があれば、この時点で、大阪湾や伊勢湾では高潮についての「高」か「中」が発表されたと思われます。ただ、進路予報がほぼ正確でも、高潮の量的予報は難しく、台風の中心が予報円のど真ん中を通った場合、大阪湾では高潮が発生しても大きな高潮になりません。しかし、予報円の中心から少し西側の徳島県に上陸した

場合は、大阪湾で大きな高潮が発生しますし、予報円の中心から少し東側の紀伊半島南端の潮岬付近に上陸した場合は伊勢湾で大きな高潮が発生します。とはいえ、台風襲来の4日前から高潮対策を考えることができるということは大きなことです。

97 ダウンバーストも含んでいる「竜巻注意情報」

近年、竜巻などの突風による災害が問題になってきました。このため、気象庁では竜巻などの突風を発生させる発達した積乱雲のなかにある小さな渦巻（メソサイクロン）をドップラーレーダーで観測し、竜巻注意情報を発表しています。ただ、突風の種類については特定することができませんので、竜巻という名称が入った情報ですが、ダウンバーストやガストフロントという突風を含んでいます。

⚠ 災害事例

気象庁では、2012年（平成24年）5月5日朝の段階で、大気の不安定の度合いと下層の風のぶつかり具合の予想から、30時間後には積乱雲が発達すれば竜巻が発生するとして、午前11時20分に全般気象情報を発表するなどしました。ただ、積乱雲がどのタイミングで、どの場所で発達するかはわからないため、レーダー観測等を注視し、6日の朝以降、各地方気象台が竜巻のおそれを明示した雷注意報を発表して警戒を呼びかけています。そして、予測通り関東地方を中心に積乱雲が発達し、広い範囲で強い雨や落雷、降ひょう（水戸市のひょうは直径3㎝）があり、茨城県の常総市からつくば市で約17㎞、筑西市から桜川市で約21㎞、栃木県真岡市から茨城県常陸大宮市で約31㎞にわたって竜巻被害が発生しました（図97-1）。

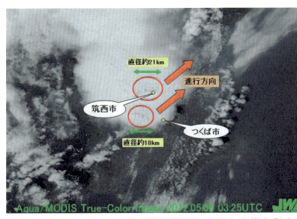

図97-1 アメリカの地球観測衛星から見た竜巻を発生させたスーパーセル

図97-2 気象庁がホームページで発表した竜巻発生確度（平成24年5月6日12時40分）

気象庁がドップラーレーダーから竜巻の発生を予測し、竜巻注意情報を発表したのは、栃木県で11時54分と竜巻発生の約1時間前、茨城県では12時38分と竜巻発生の約10前です。気象庁のホームページには、竜巻発生確度の目安が10km×10kmのメッシュで表示され、竜巻発生地域では最高の確度である2が表示されました**（図97－2）**。

空が急に真っ暗になる、大粒の雨が降り出す、雷が起こるなど、積乱雲が近づく兆候が確認された場合には、頑丈な建物に避難する、頑丈な建物がなければ近くの水路や窪地に身を伏せて両腕で頭と首を守る、屋内にいた場合は、窓から離れるなどの身の安全を図ることが大事です。

知っておくべきお天気情報のツボ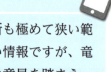

激しい突風をもたらす竜巻などの現象は、発現時間が短く、発現場所も極めて狭い範囲に限られます。竜巻注意情報は、技術的に難しいために精度が低い情報ですが、竜巻が起これば甚大な被害が予想されることから、事前にマスコミ等の意見を踏まえ、精度が低くても、あえて発表することになった経緯があります。

98 年間50回ほど発表になる「記録的短時間大雨情報」

　日本は世界的にみても降水量の多い国です。日本の降水現象の3本柱をあげると、梅雨期の雨、台風による雨、冬の季節風による雪ということになります。したがって、これらの影響の少ない瀬戸内海沿岸、中部地方の内陸部および北海道では、年降水が少なくなっています。アメダスの平年値（1991年（平成3年）から2020年（令和2年）までの30年間

図98－1　日降水量のランキング（各地点の観測史上1位の値を使って作成）日降水量の記録

順位	日降水量mm	地点名	都道府県名	起日	原因
1	922.5	箱根	神奈川県	2019年10月12日	台風19号
2	851.5	魚梁瀬	高知県	2011年7月19日	台風6号
3	844.0	日出岳	奈良県	1982年8月1日	台風10号
4	806.0	尾鷲	三重県	1968年9月26日	前線
5	790.0	内海	香川県	1976年9月11日	台風17号
6	765.0	与那国島	沖縄県	2008年9月13日	台風13号
7	764.0	宮川	三重県	2011年7月19日	台風6号
8	757.0	成就社	愛媛県	2005年9月6日	台風14号
9	735.0	繁藤	高知県	1998年9月24日	前線
10	726.0	剣山	徳島県	1976年9月11日	台風17号

図98－2 最大1時間水量と最大10分間降水量のランキング（各地点の観測史上1位の値を使って作成）

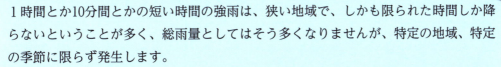

順位	1時間降水量	地点名	都道府県名	起日	原因
1	153.0mm	香取	千葉県	1999年10月27日	低気圧
1	153.0	長浦岳	長崎県	1982年7月23日	低気圧
3	152.0	多良間	沖縄県	1988年4月28日	前線
4	150.0	甲佐	熊本県	2016年6月21日	前線
4	150.0	清水	高知県	1944年10月17日	前線

順位	10分間降水量	地点名	都道府県名	起日	原因
1	55.0	木古内	北海道	2021年11月2日	大気不安定
2	50.0	熊谷	埼玉県	2020年6月6日	大気不安定
2	50.0	室谷	新潟県	2011年7月26日	大気不安定
4	49.0	清水	高知県	1946年9月13日	前線
5	40.5	石巻	宮城県	1983年7月24日	前線

の平均値）をみると、一番少ないのが北海道のオホーツク海沿岸の常呂ですが、それでも710.6mmと700mmを超えています。そして、一番多い鹿児島県の屋久島では4651.7mmと、常呂の約6.5倍も降っています。

　日本の降水現象の3本柱のうち台風による雨は、記録的な強い降り方をするために、大きな災害に結びつきやすいと言われています。図98－1は、日降水量の10位までの多い記録ですが、このうち8つまでが台風によるものです。日降水量ではなく、1時間降水量といった短い時間の雨量となると、ほとんどが低気圧や前線によるものとなります。さらに10分間降水量となると、大気不安定による雷雨によるものが多くなります（図98－2）。

知っておくべきお天気情報のツボ

　1時間とか10分間とかの短い時間の強雨は、狭い地域で、しかも限られた時間しか降らないということが多く、総雨量としてはそう多くなりませんが、特定の地域、特定の季節に限らず発生します。
　気象庁では、大雨警報発表中に、数年に一度程度しか発生しないような激しい短時間の大雨がアメダス等の雨量計で観測した場合や、気象レーダーと地上の雨量計を組み合わせた分析（解析雨量）した場合に記録的短時間大雨情報を発表します。それだけ、解析雨量の精度が高く、実際の観測値と同等に使われています。

　2004年（平成16年）7月18日未明から昼前にかけ、活発化した梅雨前線により、福井県の北部を中心とした福井豪雨のとき、「記録的短時間大雨情報」は第1号から7号まで、のべ21の観測を報じています。このうち、第2号が地上の雨量計の観測による発表、第3号が解析による発表です。

◎福井県記録的短時間大雨情報　第2号
　2004年（平成16年）7月18日6時00分　福井地方気象台発表
　6時福井県で記録的短時間大雨　美山で88mm
◎福井県記録的短時間大雨情報　第3号
　2004年（平成16年）7月18日6時10分　福井地方気象台発表
　6時福井県で記録的短時間大雨　美山町付近で約90mm、福井市付近で約80ミリmm

　本文は「〇時」で「〇時までの1時間に」の意味を表し、「府県名」、「記録的な短時間の大雨」、「観測した観測点名（解析した市町村名）」、「雨量」という構成です。ただし、解析による発表では、地名に「付近」、雨量に「約」という言葉がつき、雨量は10mm刻みで、120mmを超える場合は「120mm以上」と表現されます。

　記録的短時間大雨情報の発表基準は、1時間雨量歴代1位または2位の記録を参考に、各細分区域ごとに決めてあります。このため、発表基準は、地域によって異なりますが、現在の降雨がその地域にとって土砂災害や浸水害、中小河川の洪水災害の発生につながるような、稀にしか観測しない雨量であることを知らせる情報です。2013年（平成25年）から2021年（令和3年）までの9年間の記録的短時間大雨情報の平均発表回数は80.1回です。月別には7月～9月が多く、7月は平均して約20回発表されています**（図98－3）**。ただ、2022年（令和4年）は、7月に56回、8月に71回の発表と、これまでより急増した年もあります。

図98－3　月別の記録的短時間大雨情報の発表回数（2013年～2022年）

　この記録的短時価大雨情報がはじまるきっかけとなったのは、1982年（昭和57年）の長崎大水害です。長崎市では日降水量448.0mm、長与町では1時間降水量187.0mmなど、これまでの記録を更新するものでした。河川の氾濫や山・がけ崩れなどが頻発し、長崎県の被害は、死者・行方不明者299人などの大きなものでした。この長崎大水害の教訓から、警報をできるだけ地域細分して発表するようになり、記録的短時間大雨情報が始まっています。

> ### 知っておくべきお天気情報のツボ
>
> 近年、短時間に強く降る雨が増加していることに対応し、記録的短時間大雨情報の発表基準が北日本を中心に引き上げられています**（図98－4）**。しかし、発表基準が引き上げられても、記録的短時間大雨情報の発表回数は増えています。これまで、強い雨が観測されなかった地方でも、他の地方並に強い雨が降るようになっており、どこも注意が必要です。

図98-4 記録的短時間大雨情報の発表基準

都道府県	平成22年（2010年）8月1日現在	令和元年（2019年）6月4日現在
北海道	宗谷70 上川90・留萌80 石狩・空知80・後志70 網走・北見・紋別90 釧路80・根室60・十勝90 胆振・日高90 渡島90・檜山80	宗谷80 上川・留萌90 石狩・空知100・後志80 網走・北見・紋別90 釧路・根室80・十勝90 胆振・日高100 渡島・檜山100
東京都	東京地方100　伊豆諸島90 小笠原諸島80	東京地方・伊豆諸島100 小笠原諸島80
神奈川県	東部90　西部100	100
長野県	90	100
山梨県	中北盆地70・山地90 峡東盆地70・山地90　峡南90 東部・富士五湖90	100
新潟県	下越平地70・村上市80・山沿い8 中越平地70・山沿い80 上越80　佐渡60	下越・中越・上越100　佐渡
富山県	90	100
石川県	加賀80　能登90	100
滋賀県	80	90
兵庫県	南部100　北部80・香美町90	南部110　北部100
島根県	東部100　西部100　隠岐80	100
徳島県	南部120　北部100	南部120　北部110
長崎県	南部110　北部110 壱岐・対馬100　五島100	110
宮崎県	110	120

99 命名基準を厳しくした「気象現象の命名」

　気象庁では、顕著な災害を起こした自然現象について名前をつけています。これは、過去に発生した大規模な災害における経験や貴重な教訓を共通の人称で後世代に伝承するとともに、防災関係機関等が災害発生後の応急、復旧活動を円滑に実施することが期待されるからです。戦前の1934年（昭和9年）9月21日に高知県室戸岬付近に上陸した台風が、当時の世界で一番低い気圧を観測したことから、当時の中央気象台ではこの台風を「室戸台風」と呼びました。1956年（昭和31年）に中央気象台は気象庁と改称していますが、気象庁が最初に命名したのは、1958年（昭和33年）9月26日に関東地方に来襲し、記録的な大雨をもたらし、静岡県狩野川が氾濫した台風22号についてで、「狩野川台風」と呼称しました。このとき、1954年（昭和29年）の台風15号も「洞爺丸台風」と遡って呼称しました。命名の根本方針を決めたのは、1961年（昭和36年）9月18日で、大阪地方を「第二室

戸台風」が大阪地方を襲った２日後でした。現在の命名に関する考え方は、2004年（平成16年）３月15日に決められたもので、前年９月に北海道で震度６弱を観測した地震を「平成15年十勝沖地震」と命名したときに、２か月前に東北地方で発生した震度６強の地震も命名すべきではとか、もっと厳選して命名すべきではとかの様々な指摘があったからです。

　地震については、①地震の規模が大きい場合。陸域：M7.0以上（深さ100km以浅）かつ最大震度５弱以上。海域：M7.5以上（深さ100km以浅）、かつ、最大震度５弱以上または津波２m以上。②顕著な被害（全壊100棟程度以上など）が起きた場合。③群発地震で被害が大きかった場合等。豪雨については、④顕著な被害（損壊家屋等1,000棟程度以上、浸水家屋10,000棟程度以上など）が起きた場合。

　この新しい考え方では、これまでより命名が少なくなるよう高めの基準でしたが、基準をきめた約４か月後の７月12～13日に梅雨前線の大雨で新潟県の五十嵐川や刈谷田川の堤防決壊などで、死者16人、住家被害5,810棟、浸水被害8,177棟などの被害が発生しました。そして、命名の基準をクリアしたため「新潟・福島豪雨」と命名されました**（図99－１）**。また、その５日後の７月18日には福井県嶺北地方でも、梅雨前線の大雨で足羽川堤防が決壊するなどで多くの水害が発生し「福井豪雨」と命名されました。さらに、10月23日に新潟県中越地方を中心に大きな地震被害が発生し、「新潟県中越地震」とこの年３回目の命名となりました。2004年（平成16年）は、台風が10個も上陸し、上陸のたびに大きな被害が発生するという大凶の年でした。

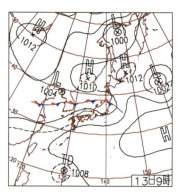

図99－１　新潟・福島豪雨の時の天気図（平成16年７月13日９時）

知っておくべきお天気情報のツボ

命名された顕著現象は、平均すると１年に１例ですが、1968年（昭和43年）の４例（えびの地震・日向灘地震・十勝沖地震・第３宮古島台風）など、複数の命名がある年が少なくありません。大きな災害は連続する傾向があることに留意が必要です。

100 増えてきた「50年に1度の大雨」(再現期間)

ある地点で、与えられた限界地以上の異常値が平均して何年に一度起こるかを示す年数を再現期間といいます。コンピュータがなかった時代は、主に片対数方眼紙を用いた方法が使われていました。この方法は、①N年間の観測値を集め、その観測値に順位をつける、②順位が j 番目の観測値 X_j に対する経験的再現期間 T_j を計算する。$T_j = (N+1) \div j$（J＝1、2、3、…、N）、③片対数方眼紙に点（観測値 X_j を等間隔軸に、経験的再現期間 T j を対数軸）方眼紙に記入し、記入した点を線で結びます（図100－1）。説明図では、10年分のデータを用い、1位の120mmの再現期間は $T_1 = 11 \div 1 = 11$ 年、2位の80mmの再現期間は $T_2 = 11 \div 2 = 5.5$ 年、3位の70mmの再現期間は $T_3 = 11 \div 3 = 3.7$ 年となっています。線を外挿してゆけば、50年に一度の雨が約170mm、100年に一度の雨が約190mmとなりますが、線の傾きのわずかな変化で値は大きく変わります。コンピュータが進歩し、推定方法が高度になった現在でも、統計年数を大きく超える再現期間は、安定した計算結果が得られません。

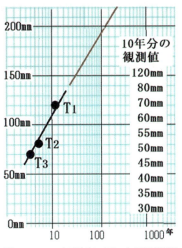

図100－1　方眼紙を用いた再現期間の求め方の説明図

気象台等で観測が始まったのは、今から148年前の明治5年の函館からですが、全国各地での詳しい再現期間を求めることができるのは、アメダスが設置された46年前の1974年（昭和49年）以降です。最近、防災情報等で、「50年に1度」という再現期間が使われるようになったのは、約50年分の観測値が集まり、それを統計処理することによって、全国における実用的な値を求めることができるようになったからで、50年に一度の雨が急増しているわけではありません。現在、アメダスの観測とレーダーの観測を組み合わせた解析雨量を用い、5km格子ごと（全国で約1万4,000か所）に、50年に一度の48時間降水量と3時間降水量、土壌雨量指数が公表されています（図100－2）。そして、「大雨特別警報は、50年に一度の値以上となった5km格子がまとまって出現した際に発表する」など、防災情報には再現期間50年の値が利用されています。

ただ、建築基準法による設計風速に、再現期間100年の基本風速が使われているなど、建物や堤防など長年使うものについては、50年以上の再現期間が必要とされています。このため、気象台等の観測値をもとに計算した再現期間100年の値をもとに、様々な方法で推定が行われています。なお、気象庁の「異常気象リスクマップ」では用いたデータ期間の2倍程度まで算出することとし、アメダス地点の確率降水量は再現期間50年まで、気象台等の確率降水量は再現期間200年までを算出しています。

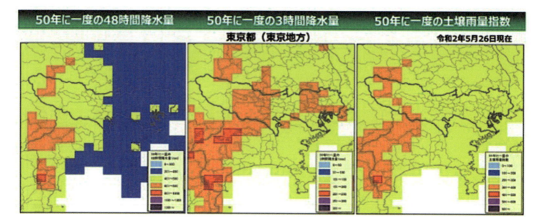

図100－2　東京地方の50年に1度の48時間降水量と50年に1度の3時間降水量、50年に1度の土壌雨量指数

　再現期間の考えは、計算に使ったデータの期間は気候（雨の降り方）が変わらないという前提で計算しています。もし、大雨の長期的な増加傾向が続くなら、50年に一度が、30年に一度に相当するなど、求められている再現期間に安全係数をかけて短めに使う必要があります。

　2021年（令和3年）のノーベル物理学賞は、アメリカ・プリンストン大学上席研究員の真鍋淑郎博士（90）が受賞しました。真鍋博士が、大気中の二酸化炭素が増えると、地球温暖化が進むということを定量的に予測し、発表したのが、今から60年度ほど前です。筆者が気象庁に入って、真鍋博士の業績と、それを解明するための大気海洋結合モデルのことを知ったのは、2020年（平成2年）のIPCC（気候変動に関する政府間パネル）の最初の報告書である、第1次評価報告書を作成している時です。気象庁企画課で一番の若手でしたが、同僚が、真鍋先生など、世界のトップレベルの科学者が、現在起こっている異常気象の解明を、厳密に検証している作業を、目の当たりにしました。当時は、地球の気温が過去100年間に上昇していることはわかっていても、気候変化の時期や規模、今後どうなるかについては、諸説あり、今後は寒冷化に転じるのではないかという意見もありました。真鍋博士の研究がすべての研究者から支持されていたわけではありませんが、真理を探究するための手段とした大気海洋結合モデルは注目を集めました。海洋は大気の運動に影響を与えると同時に、大気の運動が海洋に影響を与えることから、同時に考えないと予測できないという考えです。海と大気の相互作用は、期間が長くなればなるほど大きく作用します。このため、気象庁などでも季節予報や気候変動の予報や研究では、真鍋博士が始めた、大気海洋結合モデルが使われています。

⚠️ 災害事例

　2021年（令和3年）8月のIPCCの第6次報告書では、江戸時代の1850年（嘉永3年）から2019年（令和元年）にかけて、観測による世界平均気温の上昇度は1.06℃と評価され、地球温暖化の主因が人間活動にあることが再度確認されました（図100－3）。そして、今後の温暖化の程度によって、種々の「10年に1回の現象」の頻度が増えることが示されました。例えば、陸域における極端な高温は、現在においても「10年に1回」の現象が2.8回に増えており、将来の温暖化が4.0℃なら9.4回、つまり毎年発生することになります（図100－4）。また、陸域における極端な降水は、降水量が30％も増える見込みとなっています。地球温暖化が進むと、極端な現象の頻度が増えるだけでなく、強度も増加しますので、より一層の備えが必要です。

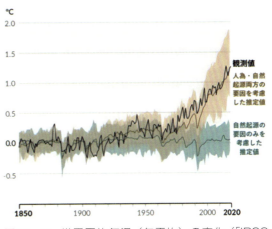

図100－3　世界平均気温（年平均）の変化（「IPCC第6次報告書」より）

図100－4　陸域における極端な高温、陸域における極端な降水の予想される変化（1850～1900年における値を1.0とする）

| | | 1850～1900 | 現在＋1.0℃ | 将来の地球温暖化 |||
				＋1.5℃	＋2.0℃	＋4.0℃
極端な高温	10年に1回の頻度	1.0回	2.8回	4.1回	5.6回	9.4回
	強度の増加	0	＋1.2℃	＋1.9℃	＋2.6℃	＋5.1℃
極端な降水	10年に1回の頻度	1.0回	1.3回	1.5回	1.7回	2.7回
	強度の増加	0	＋6.7％	＋10.5％	＋14.0％	＋30.2％

索引

数字は節番号

暑さ指数 ／ 20，60
亜熱帯低気圧 ／ 31
あびき（副振動） ／ 35
雨台風 ／ 77
アメダス ／ 26，28，36，37，46，47，50，51，52，76，89，98，100
雨の強さ ／ 26
暗域 ／ 40
アンサンブル予報 ／ 56
異常気象 ／ 1，4，58，100
異常天候早期警戒情報 ／ 58
伊豆大島の土石流 ／ 76
伊勢湾台風 ／ 12，84，85，86
一次細分区域 ／ 48，53
移動性高気圧 ／ 13，33，64
陰性梅雨 ／ 15
ウィンドプロファイラ ／ 43
雨量計 ／ 46，50，51，52，89，98
蝦夷梅雨 ／ 15
越境汚染 ／ 33，62
エルニーニョ現象 ／ 3，4，5
塩風害 ／ 30
大雨特別警報 ／ 16，77，86，87，88，89，91，100
大谷東平 ／ 85
大雪警報 ／ 47，90，94
岡田武松 ／ 18，70
沖永良部台風 ／ 38
遅霜 ／ 13
オホーツク海高気圧 ／ 14
温帯低気圧 ／ 8，11，12，31，74

温低化 ／ 74

階級区分 ／ 27，58
外水氾濫 ／ 77，93
解析雨量 ／ 46，47，50，86，89，98，100
海氷 ／ 6，9
海面水温 ／ 66，69，71，72，77
火災気象通報 ／ 64
火山防災 ／ 61
可航半円 ／ 75
可視画像 ／ 7，9，29，32，38，42，62
カスリーン台風 ／ 93
風台風 ／ 77
風の息 ／ 36
カテゴリー予報 ／ 49，53
狩野川台風 ／ 77，84，99
雷ナウキャスト ／ 51
雷三日 ／ 32
空っ風 ／ 18
空梅雨（照り梅雨） ／ 15
乾湿温度計 ／ 19
寒冷渦 ／ 32
寒冷低気圧 ／ 32
気温の2週間予報 ／ 59
キキクル ／ 88，91
危険度分布予報 ／ 91
危険半円 ／ 75
気候変動 ／ 1，23，100
気象現象の命名 ／ 99
気象災害 ／ 10，18，43，87，92
季節風 ／ 9，18，57，98

162

キティ台風 ／ 85
軌道衛星 ／ 41
九十九夜の泣き霜 ／ 13
急速に発達する低気圧 ／ 12
強風域 ／ 65，67，76
極循環 ／ 17
局地風 ／ 18
局地モデル ／ 50，55
極低気圧 ／ 8
霧プロダクト ／ 42
記録的短時間大雨情報 ／ 26，46，54，
　　86，88，90，98
記録的短時間大雪情報 ／ 90
国別台風上陸数 ／ 68
玄倉川水難事故 ／ 76
黒潮大蛇行 ／ 34
噴火警戒レベル ／ 61
警戒レベル ／ 87，88，91，96
ゲリラ豪雨 ／ 28
顕著な大雨に関する気象情報 ／ 88，89
顕著な大雪に関する気象情報 ／ 88，90
高温注意情報 ／ 54，60
高解像度降水ナウキャスト ／ 51，52
光化学スモッグ ／ 62
航空路火山灰情報 ／ 61
黄砂 ／ 13，33，39，54，62
降水確率予報 ／ 49，81
降水現象の3本柱 ／ 98
降水短時間予報 ／ 46，50，51，55，90
降水ナウキャスト ／ 51，52
洪水予報 ／ 93
木枯らし1号 ／ 57
酷暑日 ／ 22
黒球温度 ／ 20
コストロス比 ／ 49
固有振動 ／ 35

再現期間 ／ 100
桜前線 ／ 64
桜の開花 ／ 23，64
さざんか梅雨 ／ 15
五月雨 ／ 15
五月晴れ ／ 15
紫外線予報 ／ 63
地すべり ／ 29，95
実効湿度 ／ 64
湿数 ／ 37
湿度の観測 ／ 37
指定河川洪水予報 ／ 54，93
シベリア高気圧 ／ 7
集中豪雨 ／ 16，37，41，43，87，88，89，
　　96
昭和31年台風3号 ／ 72
昭和45年1月低気圧 ／ 12
昭和51年台風6号 ／ 69
昭和59年台風10号 ／ 65
昭和59年台風22号 ／ 65
昭和60年台風12号 ／ 70
昭和60年台風13号 ／ 80
昭和60年台風14号 ／ 80
シロッコ（局地風） ／ 18
深層崩壊 ／ 29
進路予報誤差 ／ 79
推計気象分布 ／ 47
水蒸気画像 ／ 40
数値予報 ／ 28，33，41，47，49，50，55，
　　56，79，89，90
筋状雲 ／ 7
すすき梅雨 ／ 15
スーパー警報 ／ 86
スーパー台風 ／ 69
スモッグ気象情報 ／ 62

163

西高東低の気圧配置／7，10，57，59
切離低気圧／32
絶対湿度／37
静止衛星／41
赤外画像／38，40，74
全球モデル／41，55
赤外差分画像／62
潜熱／66，74
扇形表示／78，80
線状降水帯／88，89
早期注意情報／77，87，96
相対湿度／19，37

体感温度／19，20，60
大気汚染／33，62
大気海洋結合モデル／100
大気の窓／38，40
大正6年10月の台風／36
第二室戸台風／30，96，99
台風／17，30，65〜85，96
台風域内／65
台風の大きさ／65，76
台風の強度予報／82，96
台風の接近数／73
台風の上陸数／72
台風の進行速度／71
台風の進路予報／56，68，75，78，79，80，81，82
台風の強さ／76，82
台風の発生／66
台風の眼／75
大平洋高気圧／14，22，38，46，58，87
ダイポールモード現象／5
対流予測モデル／52
ダウンバースト／27，97

高潮／30，35，36，83，84，85，86，96
筍梅雨／15
蛇行期間／34
竜巻注意情報／27，44，51，54，97
竜巻発生確度ナウキャスト／51
地域気象観測システム／37
地域時系列予報／53
地球温暖化／1，6，26，28，39，57，69，100
チベット高気圧／5，58
注意報／13，26，27，35，42，48，54，62，64，81，86，87，89，96，97
霜注意報／13
大雨注意報／26，87，89
雷注意報／27，54，97
高潮注意報／35，87
濃霧注意報／35，87
大雪注意報／42
光化学スモッグ注意報／62
乾燥注意報／64
超音波風向風速計／36
超熱帯夜／21
梅雨明け／14，23
梅雨入り／14，23
梅雨の戻り／15
東京砂漠／37
東西指数（ゾーナル・インデックス）／2
洞爺丸台風／74，84，99
トゥルーカラー画像／39
十勝沖地震／9
特別警報／54，83，86
特報／86
都市化／21，37，62，93
土砂災害警戒情報／29，54，86，95
土壌雨量指数／92，95，100
（気象）ドップラーレーダー／44，45，51，97
ドライフェーン／18

164

内水氾濫 ／ 77
ナウキャスト ／ 50，51
長崎大水害 ／ 92，98
菜種梅雨 ／ 15
夏日 ／ 21，24
新潟・福島豪雨 ／ 92，93，99
二次細分区域 ／ 48
二十四節季 ／ 57
二重偏波気象レーダー ／ 45，89
西日本豪雨（平成30年７月豪雨） ／ 41，77，87
日較差 ／ 24
二百十日 ／ 85
日本海寒帯気団収束帯 ／ 7
熱帯低圧帯 ／ 17
熱帯低気圧 ／ 8，12，17，31，65，67，70，72，83
熱帯夜 ／ 21，58
熱中症警戒アラート ／ 60
年較差 ／ 24

爆弾低気圧 ／ 12
走り梅雨 ／ 15
八十八夜の別れ霜 ／ 13
バックビルディング現象 ／ 16
発達する熱帯低気圧の予報 ／ 83
ハドレー循環 ／ 17
早霜 ／ 13
春一番 ／ 10，11
氾濫発生情報 ／ 54，93
東日本台風 ／ 25，77
非常に激しい雨 ／ 26，88

微小粒子 ／ 33
ヒートアイランド現象 ／ 21
（気象衛星）ひまわり ／ 38，40，42，47，61，79
ひょう ／ 32
表層崩壊 ／ 29
表面雨量指数 ／ 93
風力階級 ／ 65，67
フェーン現象 ／ 18，19，22，24，37，64
不快指数 ／ 19
風車型風向風速計 ／ 36
富岳 ／ 89
福井豪雨 ／ 92，93，98，99
副振動（あびき） ／ 35
藤田スケール ／ 27，44
藤田哲也 ／ 27
藤原咲平 ／ 70
藤原の効果 ／ 70
冬型の気圧配置 ／ 7，10，56，57，59
冬日 ／ 6，24，59
ブロッキング現象 ／ 2
平成２年台風28号 ／ 72
平成３年台風19号 ／ 30，74，84
平成９年台風28号 ／ 69
平成16年台風23号 ／ 75，92
平成21年台風18号 ／ 84
平成21年７月中国・九州北部豪雨 ／ 92
平成23年台風12号 ／ 71，86
平成23年台風15号 ／ 71
平成24年７月九州北部豪雨 ／ 40，54
平成25年台風26号 ／ 76
平成26年８月豪雨 ／ 16，88
平成27年台風13号 ／ 69
平成29年７月九州北部豪雨 ／ 16
平成30年７月豪雨（西日本豪雨） ／ 41，77，87
平成30年台風21号 ／ 96
平年値 ／ 23，46

165

偏西風 ／ 1，2，5，33，71
偏東風 ／ 71
防災の日 ／ 85
放射冷却 ／ 7，13，24，42
房総半島台風 ／ 77
暴風域 ／ 65，67，77，78，80，81
暴風域に入る確率 ／ 77，81
暴風警戒域 ／ 78，80，82
暴風警報 ／ 10，77，86
ボラ現象 ／ 18
ポーラーロウ ／ 8

マイクロ波 ／ 6，41，89
マッデン・ジュリアン振動 ／ 68
真夏日 ／ 21，37
真冬日 ／ 6，59
真鍋淑郎 ／ 100
水循環変動観測衛星 ／ 41
見出し的警告文 ／ 54
ミストラル ／ 18
未明 ／ 25
（昭和9年9月の）室戸台風 ／ 36，84，
　　86，99
明治30年9月の台風 ／ 30
メイストーム ／ 11
メソサイクロン ／ 44，97
メソモデル ／ 50，55
メッシュ平年値 ／ 46
メンバー数 ／ 56
猛暑日 ／ 21，22，58，60
猛烈な雨 ／ 26，31，40，89
目視観測 ／ 47
戻り梅雨 ／ 15
森田正光 ／ 22
モンスーン ／ 5，14

山火事前線 ／ 64
陽性梅雨 ／ 15
予報円 ／ 56，77，78，79，80，81，96
予報区の細分 ／ 48
予報用語 ／ 22，25，26，31，35，65
夜のはじめ頃 ／ 25

ラニーニャ現象 ／ 3，5，22
流域雨量指数 ／ 92，93
流氷 ／ 9
リチャードソンの夢 ／ 55
リンゴ台風 ／ 74
類似台風 ／ 84
冷水塊 ／ 34
レーダー ／ 44，45，46，50，51，89，92，
　　95，97，98，100
レーウィンゾンデ観測 ／ 43
令和2年7月豪雨 ／ 89
令和2年台風10号 ／ 83
令和元年台風10号 ／ 81
令和元年台風15号 ／ 77，86
令和元年台風19号 ／ 77，86
令和元年台風21号 ／ 31
露点温度 ／ 19，37
ロビンソン風速計 ／ 36

Back building ／ 16
Bomb cyclone ／ 12
DI ／ 19

foehn ／ 18

Fujiwhara effect ／ 70

GNSS ／ 37，89

GPS ／ 37，89

IPCC ／ 1，100

ITCZ ／ 17

JTWC ／ 69

JPCZ ／ 7

MJO ／ 68

PM2.5 ／ 33，62

RGB合成画像 ／ 42

UVインデックス ／ 63

VAAC ／ 61

WBGT ／ 20

XRAIN ／ 52

著者紹介

饒村 曜（にょうむら　よう）

1951年（昭和26年）新潟県生まれ。
気象庁に入り、予報官などを経て、阪神・淡路大震災のときは神戸海洋気象台予報課長。その後、福井・和歌山・静岡・東京航空地方気象台長など、防災対策先進県で勤務しました。自然災害に対しては、ちょっとした知恵があれば軽減できるのではないかと感じ、台風進路予報の予報円表示など防災情報の発表やその改善のかたわら、著作などを積み重ねてきました。在職中は電気通信大学、定年後は、青山学院大学、静岡大学で非常勤講師をしました。

編集・著作権及び
出版発行権あり
無断複製転載を禁ず

防災気象情報等で使われる100の用語	定価2,640円 （本体2,400円＋税10%）

著　者	饒村　曜　©2024 Yoh Niyoumura
発　行	令和6年9月18日　（初版第一刷）
発行者	近代消防社 三ツ井　栄志

発行所

株式会社 近代消防社

〒105-0001　東京都港区虎ノ門二丁目9番16号
（日本消防会館内）
TEL　東京 (03) 5962-8831㈹
FAX　東京 (03) 5962-8835
URL　https://www.ff-inc.co.jp
〈振替　00180-6-461　　00180-5-1185〉

ISBN978-4-421-00990-3 C0030〈乱丁・落丁の場合はお取替え致します。〉